半中岁月

满观法师 著

悲欣交集、苦乐参半的岁月

从世学看佛法

从经典看人生

出世入世，半半相融

片片补掇，圆成无缺无憾的春天

人民东方出版传媒
東方出版社

图书在版编目（CIP）数据

半中岁月／满观 著. —北京：东方出版社，2013.5
ISBN 978-7-5060-6322-7

Ⅰ.①半…　Ⅱ.①满…　Ⅲ.①读书笔记—中国—现代　Ⅳ.①G792

中国版本图书馆 CIP 数据核字（2013）第 097226 号

本书中文简体字版权由上海大觉文化传播有限公司独家授权出版
中文简体字版专有权属东方出版社
著作权合同登记号　图字：01-2013-2836 号

半中岁月
(BANZHONG SUIYUE)
作　　者：满观法师
责任编辑：查长莲
出　　版：东方出版社
发　　行：人民东方出版传媒有限公司
地　　址：北京市东城区朝阳门内大街 166 号
邮政编码：100706
印　　刷：北京京都六环印刷厂
版　　次：2013 年 6 月第 1 版
印　　次：2013 年 8 月第 2 次印刷
印　　数：5001—8000 册
开　　本：880 毫米×1230 毫米　1/32
印　　张：5.75
字　　数：100 千字
书　　号：ISBN 978-7-5060-6322-7
定　　价：23.00 元
发行电话：（010）65210056　65210060　65210062　65210063

目录

【风檐展书读】

推荐序一

书里华光

星云

“一日不读书，面目可憎；三日不读书，言语乏味。”书中有圣贤道，可以为我们解惑，充实内涵；可以让我们明理，少烦少恼，心开意解。一卷在握，三千大千世界尽在其中。不肯读书，则无异放弃世界上最珍贵的财富。

一两年前，徒众满观曾告诉我，打算写类似“读书笔记”的文章，当时我欣然同意。最近，香海文化送来他预计出版名叫《半中岁月》的文稿，原来，低调的他，已经为《人间福报》“以书会友”专栏，默默写了好一阵子了。

满观是个爱书人，他读书、编书、写书、教书，一生和书有着密切的关系。现在，他读了书，介绍书中内容，写下自己的心得感想、生命体验，让读者能先略窥每一本书的全貌、精华，更能从其文章里的思考角度、观点、情感，获得一些省思。

另外，这本《半中岁月》里，收录十篇的读经心得，也让人耳目一新。

经典之所以称为“宝藏”，在于它蕴含千古颠扑不破的真理，在于它是圣言量。除此，我想更在于经典的实用性、人间性。满观有着悲天悯人的温厚心怀，他从经典里明了佛法真义，也领会佛陀心系众生的大悲大愿，所以下笔时，能将佛法贴切巧妙呈现在人间，应用在生活。

我自己从书中获得无穷妙用，所以，也一再鼓励弟子们要多读书。尤其读了书，要能写读书报告、读后感、作眉批，因为“学而不思则罔，思而不学则殆”，如牛吃了草要反刍，才能消化一般，借由读书笔记，可以分析、融通内容，和归纳重点。更重要的要会思考，和作者的经验、智慧相遇之后，须能擦撞出自己的生命华光，才是真正会读书、读活书。

古云：“化当世，莫若口；传来世，无如书。”从满观的新书《半中岁月》得见，他从书中获益，更将这份智慧华光布施给读者；此即是人间菩萨的行谊。因此，我乐之为序。

推荐序二

圆满的观照

杨桂杰

虽然经常阅读《人间福报》，素知佛光山有一位“笔端常带感情”的满观法师，但委实以言，与其并不熟识，再加上知见浅薄，本就没有资格为其作品写序的。此番由于友人辗转错荐，而有这样的机会与因缘，以在家众读者的角度，得以先完整阅读满观法师的作品，算来应是福报一桩。借《半中岁月》的一角，不是作序，谨向满观法师及各位读者朋友报告自己的读后心得。

来自美丽净土花莲的满观法师，如其自承，出家前从事教学、编辑、写作，依止星云大师后，于佛光山仍以教学、编辑、写作的工作弘法利生。一般读者除了透过《人间福报》的专栏常折服并沉浸于其文章之外，其实满观法师对于佛教文化出版事业之经营，更有其独到的经验与见地，不仅在市场、通路，甚至细腻到包装与编排设计，都有其独到的见解。这是满观法师深体佛法中“先以欲勾牵，后令入佛智”的教示，当下为众生开设了“方便门”。

在《灵山不如归》一书中，满观法师曾以“修行当‘无心’，为文则应‘有心’”、“以文字供养大众”及“无论是清凉的感觉或沉重的思考，唯愿能让阅读者从中获益”自期，已让我们清楚看到一位当代菩萨行者的恢弘悲愿与清明大智。再看结集《人间福报》“以书会友”专栏四十则文章而成的《半中岁月》，更是令人欣喜，法师自谦只是在报端专栏介绍自己喜爱的书，与读者分享心得，类如笔记，并非书评。

其实《半中岁月》除了延续其一贯清新的笔调，发人深省，引人共鸣，我们还能从中感受到法师的“古道热肠”——为了接引大众，与读者几至剖心掏肺地分享其心思底蕴，甚至愿意自承其出家前曾有的“自己那专制又自我的爱”(《自由与爱缚之间》)，也愿意与读者分享其对于一般世情的纤细思维(《美丽与哀愁》)，这是鲜少出家法师愿意显露于众的。这般虽然明白众生得要“自伞自度”，却也甘心陪伴众生淋雨(《生活处处见自性》) 的真性情，也让我们看到其可爱可亲的一面。满观法师的文章中，处处关涉世情，却又能够清晰观照，“解黏释缚”，于其心得分享中导引众生入正知见，在在处处、自自然然的“无住生心”，才是《半中岁月》最吸引人之处。

再细想，全世界或许有数以亿万计的人已看过“魔戒三部曲”的书作或电影，沉湎于其精彩奇幻的剧力，然而除了领略了其中的文学之美外，法师却也不忘提醒我们，还要看到其中的“和平、忠诚、勇敢、大爱、奉献等光明面的存在”，尤其要“从其虚幻中映照现实，从现实中体悟虚无，透彻生灭缘起”，其文题《心魔之戒》的“心”、“戒”二字，已说明当下佛法修行的心要。满观法师以如此法门度众，已不知有多少人从中获益了。

或许是得之于星云大师的期勉，也或许是其出家前后工作接触的缘由，更可能的，这是其根本志趣之所在。从《半中岁月》的四十则文章中，我们看到满观法师除自身经典学养丰厚之外，其涉略范围之深广，也是教人颇为惊奇的。

《半中岁月》的每一篇文章都或多或少流露出满观法师与众（僧众）不同的性格，如果把每篇文章都当成在一处红尘道场中，法师与社会大众的一场场另类演讲或开示，那么我们可以想见，现场会是有笑有泪那么的感人，却又肯定能让人从中得悟得度。

就如“风檐展书读”第一篇（应是法师感念星云大师的师恩、敬师的有心安排）《望之·即之》一般，细细翻阅之际，我们真能从《半中岁月》的字里行间，看到一位修行人入世又出世的“圆满的观照”，进而读懂满观法师，读懂佛光山，读懂人间佛教！

能够读到《半中岁月》的人是有福的、是“宿植德本”的，您我就是，谨此虔心感恩。

本文作者为台湾地区基隆市文化局局长

推荐序三

人在半中亦圆满

颜艾琳

这是我第一次帮出家法师的著作写序。答应之后，竟有点忐忑。

那心中的不安，是害怕自己非常浅显的佛法知识，如何能为一个修行多年的法师，其用智用情所写的出世文章注脚？结果，收到全书的目录与部分文章详看后，我惊讶地发现：满观法师的这本《半中岁月》，绝大部分是用一种入世的、全观的格局，借阅读书评的心得，耙梳自己对人生、环境、时空、世潮变化、文学等主题的思维跟获得，化为文字与世人分享。

这也让我更深刻地体会到，中国台湾这数十年来的宗教环境、人事结构、淑世态度，已从深山丛林渐次走向社会人群；因为行的是入世法、生活禅，与大众更贴近，所以也就要够了解一般民众在关心什么，烦恼什么。出家众对俗世生活有了基本了解，才能寻求解决方法，拔脱众生的苦恼。于是我臆测满观法师的多元阅读，一半是为知晓时势之所趋，一半是为求得度众生的现代法门。

从目录所列的书单可以看出，满观法师涉猎的范围广及宗教、自然环保、动物、慢活、文学、历史、人物、趋势观点、经济、生死、佛法……诸多面向，而非偏重某一类的书籍。乍看这份书单，一般人可能会觉得很杂，也会质疑出家法师为何要看《魔戒三部曲》、《少年小树之歌》、《熊秉元漫步经济》、《狼图腾》、《白色巨塔》、《水煮三国》、《所罗门王的指环》、《浮生六记》、《@趋势》、《汉字的故事》、《刺鸟》、《门外汉的京都》这些各式各样的书，对他的济世工作有何帮助？而对于本书提到的《六祖坛经》、《心经》、《金刚经》、《妙法莲华经》等佛经就觉得理所当然？应如是也？

殊不知，满观法师所读的这些书，皆是有道理的。不仅不违背出家人的修行，而更能一窥法师度众之心的辛苦。像比较流行的大书《魔戒三部曲》、《狼图腾》、《白色巨塔》虽然横跨科幻、人与动物、医院等主题，但因为法师每天都和不同年龄与背景的人接触，在与众生对话时，便有相应对谈的话题，或在遇到相关领域的人时，有适时切入的语汇，不至于跟民众产生隔阂，接不上话的情形。还有一种情形，那就是法师可以提供这些书本的内容，让没有读过的民众有所借镜、参考，不仅帮人解决疑惑，也推广了阅读。

满观法师文笔极为流畅、文思带着温馨情感、立论公平有理、抒怀坦然、一派纯真，以出家人的心胸眼界，道说对世俗万物的摄受、阅读诸书的理络心得，足以作为忙碌的现代人阅读上的引导，或可视为一份上班族读书会的书单。因为这本书的内涵，恰能补足一般人对台湾地区历史、中国文化、世界趋势、生活形态的演变……种种普遍知识的遗漏，尤其是经一位具备大德智慧的法师所筛选的书籍。

法师以“半中”自谦，也隐喻更要奋进提升的心意。此一中庸，立眼当下，人生实已进臻圆满。愿大家一起领受满观法师的智与情。揭谛揭谛，波罗揭谛，波罗僧揭谛，菩提萨婆诃……

本文作者为作家、书评家

自序

我的文字禅

曾经期许自己，这辈子至少要出四本书；四种不同类型的书。第一本佛教散文《灵山不如归》，已经出版。

记得写完第一本书，我曾请示家师（星云大师），接下来想写读书札记之类的文章，可不可以？师父看了我五秒，即说："可以。"

于是我脑海里冒出一本本书来：曾经爱不释手，看过好几遍的"私房书"；一照面就被深深吸引，有着猎艳心喜的"钟情书"；爱书好友们口耳相传的"推荐书"……

列出这些书单，从此又开始一年半"文字禅"的修行生涯。

排班等候，跑香行进间，我的心系在书本里的情节、精神、意涵，思绪驻足其中，也随兴游走于过去的记忆、现在的经历。我心、作者心，两者相撞，荡漾出一些火花；平时蛰伏不显、零散闲置的思想、观点，乃一一清晰成形。

这是从书中引发自己的体验和思维。有时，却是先有感怀、思想，再回头寻找与之相印、辉映的书籍。

由于"以书会友"专栏，我是以笔名"唐棉"发表，除了少数熟识或有机缘谈及的，大部分的人都不知道是我，所以当面的响应较少，不过也因此有了些意外的惊喜。

如《和尚的力量》刊出第二天，以前在出版社的同事美智打电话给我，说印象中我好像有《师父还在沙漠里》这本书，她看了《人间福报》副刊有位唐棉写了一篇文章介绍，感觉很棒，想跟我借来看。也有几位师兄知道我平时爱看书，会热心地告诉我有这么一个专栏；也常在电脑上收到辗转寄来的电子稿。

我一向不是大声嚷嚷、自吹自擂型的人，但是坦白说，遇到这种“好康逗相报”的朋友，我还是会掩不住喜悦，开心地说：“唐棉就是我啦!”身为创作者，谁不愿自己的作品被阅读，谁不愿自己的作品受好评、有回响？（如果只是孤芳自赏，那写日记就好了，是不是!）

有人来函说：“每次读完您的文章，总有份返璞归真之纯净，唤醒我沉睡已久的心，因而长智不少。”所谓“开卷有益”，我从书中获益，再将利益分享给读者，这也是一种“法布施”呀。

有位香港的读者看了《拒绝让心变丑》，e－mail说：

“看完文章，鼻子酸酸地流下眼泪，因为感觉每天在‘为五斗米折腰’的生活中，不管你喜欢与否，什么角色都要好好地演活。很希望能做到‘人到无求’的境界，但每当‘境’来到时，不自觉地‘我执’的箭猪跑了出来，何时才能真正地放下呢？如何可以训练一个柔软和理性的心？”

多年来侍奉患有“老年痴呆症”婆婆的孝顺媳妇说：今早

读了《老有所安》，心里很疼痛，照顾婆婆一直以“理所当然”地为她“好”推动着，唯忽视了她老人家那“纤细的心”，她老人家一定很委屈，而为人媳的我竟而不知，我一直认为自己很敏慧，而照顾婆婆却这般的大意，真不如“百太郎”。《老有所安》对我而言是清醒的“及时雨”。

一位失去亲人的读者言：悲伤哀悼一直执著放不下，读着《揭谛揭谛》，那份哀伤似懂非懂慢慢散开些，真的，我长久以来，不都是执苦为乐、执空为有、执无常为常吗？

有位师兄分享他看这些文章的心得：“让我在每个星期六共修时，有非常丰富的内容作为开示的题材。虽然我并不认识此位唐棉作家，但我相信此书一定会造成爱好者的收集。这是一本工具书亦是各种开示的素材。此人应该有一定的修行程度和佛学素养……”

更有些爱书的读者告诉我，他们常是看了“以书会友”里介绍的书之后，就去书店把那本书买回家。我笑道：看来我应该跟这些出版社收广告费呢！

此书收录了四十篇文章，“风檐展书读”的三十篇是一般书籍，“古道照颜色”的十篇为个人的读经心得。佛经浩瀚无边，多生多世都难以读尽读通，我只从读过的经典里挑出特别喜欢，有所“感觉”的来抒发。

“佛法在世间，不离世间觉”，不论世学、佛学，都在述说演绎“人间这一部大戏”——有生老病死、悲欢离合剧情的大戏。也因此，我为这本书下了个注解：“从世学看佛法，从经典看人生。”

喜欢清朝李密庵的《半半歌》。我们生存的世间有白天黑夜、有好人坏人、有顺境逆境，有男女、有贫富、有大小……于是有了悲欣交集、苦乐参半的人生。我半生为俗，半生为僧，出家前，倔拗打破平静顺遂的生活，让自己在翻滚风浪中浮沉；出家后，在人间佛教道场，真是“披了袈裟事更多”，不过心情却平静下来。“人之大患为吾有身”，身不在，心自在；观空自在。体验了“无我”的付出，始尝“半中岁月尽幽闲”之味。

出世入世，半半相融。每天晚上回寮之后，于灯下看“闲书”——心情悠闲所读之书，和每天早上一杯咖啡 +《联合报》，同样都是我繁忙的办公室工作，单调、平淡、规律的出家生活中一种奢侈又珍贵的享受！

看书是一种乐趣和享受，但也从面对书的态度，更察觉自己的心性：规矩中有任性，随和里有固执。看书心情亦是此一时、彼一时，同一本书有时读没几行即索然无味地搁置，有时则津津有味，欲罢不能。为何如此？我也不清楚。我不会勉强看“读不下去”的书。随时机、任心情之变易，找寻喜爱的书，也捕捉书中况味。

无形的情感、意念，必须借由文字来呈现；借由文字，我也清楚看着自己的起心动念。二〇〇六年诺贝尔文学奖得主帕慕克（Orhan Pamuk）说得好：“写作，就是把内省的经验变成文字。”写作是内省的结果，“文字禅”虽非究竟，我想它应是我这半中岁月的功课吧！

最后，感谢基隆市文化局局长杨桂杰先生慨然为序。好友周慧珠推荐他，说他具有文化背景，又是对佛学有研究的佛教徒，是最佳人选。我与杨局长素昧平生，他没有人情包袱，下笔时尽可以“春秋之笔”作客观的“评鉴”，坦白说，还真有些忐忑呢。幸好，过关了！

也感谢名作家颜艾琳小姐，常常在报纸看到她的书评，此次有幸邀得她的序文，真让人惊喜！也才知这位美丽的“缪斯女神”，也是佛弟子，难怪诗中隐隐透露洒脱自在的禅意。

第一本书请师父帮我写了序，已是莫大殊荣。第二本书原不该再贪心，但禁不住的渴望，驱使我再去索求，慈悲护佑弟子的师父仍一口答应，让我感动万分！师父一生致力文化、教育弘法事业，他知道寂寞的文字工作需要鼓励。感念师父的栽培，我会继续以一支笔，为众生犁出一方清净安乐的田地。

【古道照颜色】

古经照心
一部部经典
是佛陀的法音
是佛陀的慈悯
映照出我们纷乱的心
映照出我们清净的佛性

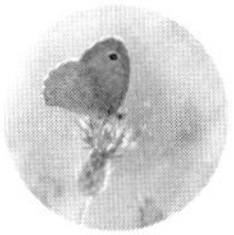

1 生活处处见自性

有一个人在屋檐下躲雨，看到一位禅师撑着伞经过，喊道：“禅师，度我一程吧！”

禅师看他一眼：“你人在屋檐下，不会淋雨，不需要我度你。”

那人走出来，说：“现在我也在雨中，该度我了吧？”

禅师缓缓答道：“我不被雨淋，因为有伞；你被雨淋，因为没伞。今天是伞度我，你要被度，自己找伞吧！”说完就走了。

我喜欢这则“自伞自度”的公案。我们不也是不识自家宝藏，只一味东寻西求吗？何时才能探得讯息呢？

佛陀来此世间，说法四十九年，即是为让众生明白并开显本自具足的真如佛性。在众多阐扬佛性的典籍当中，能贴近生活，直指人心，在叙述上浅显易懂，读来令人感动、回味无穷的，当属《六祖坛经》吧！

《六祖坛经》里提到“自性”有五十处之多。经文一开头，惠能大师就开宗明义道：“菩提自性，本来清净，但用此心，直了成佛。”既然这清净无瑕，能解脱一切苦恼，成就佛道的自性佛心，本来存在每个生命里，为何生命依然残缺不完美，依然有许多颠簸痛苦？

惠能得法之后，带着五祖传给他的衣钵往南行，数百人追过来，第一个赶到的惠明，提掇不动放在石头上的衣钵，醒悟到传法信物不能以力争夺，乃请惠能说法，惠能要他屏息诸缘，勿生一念，然后问他："不思善，不思恶，正与么时，那个是明上座本来面目？"

这里的问号也可改为肯定的惊叹号。

如同庄子言"圣人不死，大盗不止"，如同老子言"绝圣弃智，民利百倍；绝仁弃义，民复孝慈"，都引来卫道之士的抨击一般，有不少人见此句也疑惑：如此不思善恶，没有是非善恶标准，岂不天下大乱？我不禁又想起中央帝王混沌的故事，混沌原本天真无邪，被南海王、北海王开了七窍，懂得分辨男女、美丑、大小、好坏……之后，就抑郁而死了。

只因我们见色缘色，见声缘声，有这种种分别，才需世间的尺度、法律，不是吗？不存善恶之念，不见善恶之相，如风来疏竹，雁过寒潭，任何声影皆不住，还怕见不到清明的本来面目吗！

但是，惠能大师可不是叫我们绝思断念。我们每天一睁开眼，脑筋就不停地运转（有时连夜晚梦里亦不得闲），眼见耳闻皆是追逐、攀缘，把自己的身心搞得乌烟瘴气。等识得佛门心法，或者本身觉照心强者，哪天紧急刹车，开始自觉内观；此时，又往往矫枉过正了。

记得刚学佛时非常精进。一本《佛门必备课诵本》，从"楞严咒"、"大悲十小咒"到"普门品"、"阿弥陀经"、"八十八佛大忏悔文"……几乎背得滚瓜烂熟。每天起个大早，做了传统寺院的早课，才去上班，晚上下了班，回到家里，盥洗好，又跪在佛前做晚课。

当时也不甚明了经义，只觉自己业障深重，非佛力无以灭罪。经中所言无常、苦、空之真理，印证于真实人间，诚然不虚，更将我摄受得服服帖帖。几年下来，抖落眉间愁蹙，外人看到的是一张安详平和的脸庞。

又过几年，心中的贪嗔痴如“东风解冻，蛰虫始振”，又蠢蠢然在血液里窜嚣。虽不似法达法师因诵《法华经》三千部，心生我慢，礼拜六祖而头不至地，但也和他一样，只是空诵循声，未曾达法，徒被经转。

磨砖不能成镜，打坐岂能成佛？后来发觉，蒲团上妄念纷飞，只虚耗时间；眼观鼻、鼻观心，心如止水，也不一定能见性。

有人将修行与生活硬生生划分为二，执著“住心看净”，到后来“犹如木人看花鸟”，成了个凡事不关心，在人间行走却冷冰冰的木头人。人生许多时刻，走到这种“见山不是山，见水不是水”的境地，初时，或有孑然清高的喜悦，但又不免有着格格不入，“过尽千帆皆不是”的孤独寂寞吧。

《六祖坛经》让人蓦然回首，原来“见山还是山，见水还是水”。也是看了《六祖坛经》才体悟为什么说“佛法在世间，不离世间觉”。若无世间的生老病死、成住坏空、悲欢顺逆之现象，如何说明缘起、无常之真理？我们又如何将抽象的义理作实际的印证，并从中幡然觉醒，悟出自性？

如何做到“六识出六门，于六尘中无染无杂，来去自由”？

一生奉行和弘扬人间佛教的星云大师，深谙此理，他说见性不难：“生活清贫知足，即见声闻淡泊之性；明了缘起法则，即见缘觉宁静之性；度众不烦不恼，即见菩萨大悲之性；无住无相无念，即见如来不动之性。”说得多好，这淡泊、宁静、大悲、不动之性，存在心底，却是从生活、磨炼、度众中显现出来。

所以,《行由品》里惠能的生平,以及求法、得法的历程,才如此生动,如此亲切感人!

佛性本来存在,却须因缘具足方得成就。惠能送柴到旅店,闻客诵《金刚经》是第一个助缘;安道诚赠十两银子,让他安顿母亲,无后顾之忧,是第二个助缘;弘忍大师的"慧眼识英雄",当然是最大关键;印宗法师尊法敬法,为惠能剃发,再反过来事其为师的大气度,也非常人可比拟。

"迷时师度,悟时自度",宝珠在自家怀里,尘尽则光生,只是拂尘的手在哪儿?我想迷悟之间的桥梁,是自己累劫的修持功夫,也是一世一世在生活中积聚的福德因缘。

2 揭谛揭谛

日常生活中，哪一部经典和我们关系最密切，使用最频繁？当属《般若心经》吧！往生助念、告别式佛事当然少不了它；为病人、受灾难者加持会诵它；为新生儿、考生祈福会念它；工地破土，以此经祈求工程顺利；新屋落成，用来庆祝诸事圆满……

一千三百多年前，玄奘大师孤身西行，前往天竺取经。途经八百里沙漠，在无树林水草，无飞鸟走兽的荒地里，他曾四天五夜滴水没进，饥渴交迫，奄奄一息之际，也是心中默念着观音圣号与《心经》，才得以度过艰险，完成西行取经的大愿。

悲伤哀悼、欢喜祝祷、虔诚祈愿，一部《心经》就能搞定，多神奇、多不可思议啊！为何这短短二百六十字的经典，有此神力，有诸多妙用？

经文一开始就直截了当点出，如果我们能以般若智慧观照色受想行识“五蕴皆空”，就能“度一切苦厄”。不只五蕴，连六根、六尘、六识、十二因缘、四圣谛等普天之下主观、客观、有形、无形，一切都是“空”的！

当然，我们知道“空”不是没有，不是一无所有，而是“此有故彼有，此生故彼生；此无故彼无，此灭故彼灭”，缘生缘灭，无永恒不变、固定不坏的人事物。

父精母血结合孕育了生命，呱呱落地之后，他能不长大、不生病、不老死吗？再坚固的铜墙铁壁，再珍贵的黄金钻石，它能永远留存、不毁损吗？喜怒忧惧爱憎欲的情绪、感觉、心念，会一直胶粘逗留、不动不去吗？真有爱情在海枯石烂之后，仍然不渝不失吗？（也没错，对“爱”的执著，确实是“经百千劫，常在缠缚”，束缚一期一期的生命，上天入地，奔驰追寻不已；只不知当宇宙都灰飞烟灭，爱，又何所依何所寄？）

人生到头来终究一场空，夫有何乐？生命存在的意义又是什么？佛教让人裹足质疑的，即是这些苦空无常，看似悲观消极的道理；佛教让人折服信仰的，也即是其所揭橥的苦空无常，确实是世间实相，是千古颠扑不破的真理！

佛陀证悟、发现“缘起”真理时，当下是“默然不欲说法”，因为“此法微妙，与世相反，众生染欲，愚冥所覆，不能信解”。真的，我们长久以来不都是执苦为乐、执空为有、执无常为常吗？

洞山良价童年出家，师父教他念《心经》，念至“无眼耳鼻舌身”时，他顿然刹住，小手摸摸眼睛、鼻子说：“明明有眼耳鼻舌呀，怎说无呢？”小孩子当然不懂眼前存在、拥有，不是本来就存在、拥有，更不是永远会存在、拥有。长大的你我，懂吗？

有人说女人的钱最好赚，为了留住青春和美丽，化妆品、保养品琳琅满目且一再推陈出新，美容整形科也越来越热门，割双眼皮、拉皮、隆鼻、隆乳、塑臀……果真是“父母给一张脸、一副身体，现代科技给另一张脸、另一副身体”。我常想，大限来临时，这些细心爱护、精心打造的部位，难道就能不随其他器官一起腐烂，一起烧毁成灰烬吗？

身外之物的钱财、名位、权势，又何尝能常住久兴？良辰美景、怡情悦心，要永久维持可不容易呢！人我之间的明争暗斗、长短较劲，也无日不在上演……

世间的有漏不圆满有其因缘，而“万法唯心造”，心，才是最根本的枢纽。因此《心经》的“心”，虽然指的是此经乃六百卷《大般若经》的精要、心髓，但亦可作为每个人的“自性般若”、“本体之心”来理解。

平日，我们一颗心总是放纵六根向外攀缘，以贪嗔痴缘财色名食睡等欲望，在患得患失之间，心被牢牢系困而不得自由。随着年岁、阅历的增长，越来越发觉“执著哪样，哪样就是你的致命伤”！

重情者，一生为爱情所缚；重名者，耽溺声名的光环；重权者，鸩饮权力的滋味；重利者，亡命财利的追逐。有了执著，就会产生谋求、计较、嫉妒、担心、猜疑、畏惧、不安种种情绪。清朝朱珪言此时“心如同蛇蝎，如在桎梏，无往而不挂障矣”，如果能以般若观照此身非我，则“始而不为境转，继则不为法缚，始而不滞于有，并且不著于空，身世间何一足羁绊者乎”？

要达到烦恼、色身皆灭尽无有余遗的“无余涅槃”，固然不易；有肉体而不起惑造业，能无苦无乐，平静面对一切事之“有余涅槃”，更非凡人所能做到。行走世间，要生存、要养家活口、要立德立言立功，纵使想彻底两袖清风，如行云流水，完全无执著、无挂碍也不太可能。

不过，我想这是我们生生世世要学习的功课。明白诸法空相，是不生不灭，不增不减，不垢不净之后，“不滞于有”，在“有”中，不执著、不计较地把握当下，认真付出；“不著于空”，在“空”中，不孤傲、不冷漠，依然积极快乐享受春风拂面的生活。

“揭谛揭谛，波罗揭谛，波罗僧揭谛，菩提萨婆诃。”心中默念着，去吧，去吧，到彼岸去吧！

往生者，放下朽坏的身躯，迎着温煦的金色光华，走向清净的极乐世界；新人结婚，见证缘聚，共同生活在小小空间里，睁一只眼闭一只眼，眼见耳闻别太当真，就是幸福美满的家庭了；乍到人间的婴儿，从无明、行、识走来，在十二因缘里流转，祈愿他有般若智慧在哪一支截断，此生少忧少恼，得平安自在；平地起高楼，正是“空中生妙有”，多美妙呀，愿此一段缘生的“化城”，让热恼饥渴者得庇护、得安稳。

去吧，去吧，我们一起同登清凉欢喜、解脱自在的彼岸吧。

3 山为灵山山非山

落英缤纷，如雨般飘然而下，在诸声闻弟子身上黏着不去。舍利弗尊者望着“吹皱一池春水”的天女，一时，许是体内“男人沙文主义”的神经搐动，竟问天女：“为何不转女成男？”

天女说她十二年来求“女相”了不可得，接着，神来一笔，暗运神通，把舍利弗变成天女，自己则变为舍利弗，然后顽皮而正经地问他：“女身色相，今何所在？”

这是《维摩诘经》里一个有名的场景。这部阐扬唯心净土的大乘经典，就像一部故事精彩、寓意深远、情节安排紧凑的戏剧，而且是历千余年来叫好又叫座的大戏！

经中处处是扣人心弦的画面，如主角维摩居士一开始即抱病登场，到底非等闲人物，从国王、大臣、王子到居士、婆罗门等，有数千人前往探病，多大的排场呀！维摩居士则以“身疾”当教材，为大家开示色身无常无我之理。

再如佛陀要十大弟子和几位菩萨代他去探病，但是，大家都因曾被维摩呵斥而推辞不肯去。每个人与维摩的“过节”因缘，都是一则则有趣又耐人寻味的故事，也是一段段甚深微妙的教化。如天眼第一的阿那律，见三千世界能如观掌中菴摩罗果一般，维摩问他天眼所见，是有生灭造作之相或是无生灭造作之相？“假使作相，则与外道五通等；若无作相，即是无为，不应有见。”再如我们知道弥勒菩萨蒙佛授记下生当来成佛，维摩却问他，“过去生已灭，未来生未至，现在生无住”，到底是哪一生受记？

终于智慧无碍的文殊师利直下承担，领佛圣旨前往问疾。奇怪的是原先畏惮不愿去的人，有了文殊师利当先锋，又一个个蜂拥跟着看热闹去了。

维摩、文殊两位高手过招，旗鼓相当，绽开无数智慧火花。午餐时间到了，维摩居士入空三昧，以神通力让一群饥肠辘辘的客人看着“众香佛国”里佛菩萨们吃饭的情形，再分身至众香佛国，要了一钵剩饭回来分给几万个客人吃，每个人不只吃得满足快乐，而且毛孔皆出妙香！（唉，不管多美味可口的饭菜，我们吃下肚子，都只会排臭汗、放臭屁。）

维摩居士来自妙喜国，他是为利益众生而舍乐入苦，来到娑婆世界。为了让与会大众生起恭敬欣羡向道之心，佛陀命维摩呈现妙喜国依报正报的庄严。于是，维摩伸右手将整个妙喜国搬来，乾坤挪移，那里的菩萨、声闻、天人惊吓叫道：“世尊！谁取我去？愿见救护！”他们以为被绑架了，大喊救命呢！他们的无动佛莫可奈何说：“非我所为，是维摩神力所作。”

辞藻优美、文学意味浓郁的《维摩诘经》，即是如此，让人读着读着，就有“掬水月在手，弄花香满衣”的清凉与惊喜！而全书高潮迭起，动感十足的情节，才恰恰能符合维摩居士的黠慧、幽默与洒脱、自在。

曾经在一个学术论文研讨会上，有一位法师以《维摩诘经》为主题，发表一篇论文，他开场白说道："当我未出家时，我很喜欢《维摩诘经》，出了家再来看它，变得不喜欢了，因为里面的出家人感觉上很窝囊，一直被维摩居士斥责、教训……"这段话令我愕然也印象深刻。

看来这位法师并没有读懂《维摩诘经》。莫说维摩前身乃"金粟如来"，今生以居士身说法有其方便缘由。此经处处揭橥彰显超越一切相对、差别的"不二法门"之思想，怎生忘了？何况舍利弗乃至其他弟子的被指责，不都是"当机者"，不都是为了牵引出大乘般若义理吗？

所谓的僧俗、黑白、高低、大小、贫富、垢净、罪福、好坏、有无、动静、生死与涅槃、出世与入世……有绝对、不变的吗？"二分法"是法规，是教条，是约定俗成，是一把尺子，是凡夫肉眼。我们在这之间，摆荡自己，掂量别人。在圣者眼里，这种种都是一而二，二而一，无有差别。

经里三十一位菩萨"以言显道"，各说自己体悟的不二；文殊菩萨"遣言显道"，认为"于一切法无言无说、无示无识，离诸问答"，始能悟入不二法门，不料此"遣言"亦是"言"。最后，维摩"无言显道"，却是"维摩一默，其响如雷"。

佛光山有个"不二门"，两旁的对联写道："门称不二二不二俱是自家真面目，山为灵山山非山无非我人清净身。"是呀，有人在山里逛了一大圈，只见"水泥大佛"；有人却从花树蝉鸣间，看到真如佛性。

佛世时，有位外道知道佛陀要来他们村庄说法，为表敬意，他想将沿途凹凸的坑洞填平，但是直到佛陀来到仍未能填平。佛陀告诉他："心平则地平，你心未平，外界之地永不平！"

同样的，心不清净国土何能净？当佛陀说："若菩萨欲得净土，当净其心；随其心净，则佛土净。"舍利弗看到娑婆世界"丘陵坑坎，荆棘沙砾，土石诸山，秽恶充满"，不禁心想：佛陀在因地修行时，是否心意不净，才感得如此污浊的国土？佛陀以足趾按地，此世界顿时变得庄严洁净无比。

我们业障深重，耽溺五欲六尘，如盲者不见日月，即使净土在前，或亦不乐居呢！

何以"心净国土净"？以前的理解总停留在"三界唯心，万法唯识"，《维摩诘经》有更圆满的诠释，佛说当你有纯一无杂、诚实无虚假的"直心"，成佛时会感得"不谄众生来生其国"；当你有深切求法信法之"深心"，也会感得同样乐求佛法的人来生其国。其他如菩提心、六度、十善，等等，皆能为菩萨净土。如此，聚集而来的都是同样有着清净心行的众生，国土怎会不清净呢！

我们相聚在娑婆世界，也是我们的"共业"。"为欲度斯下劣人故，示是众恶不净土。"大慈大悲的佛陀可真是用心良苦，祂要我们能厌秽求净，知苦离苦啊！

我又在分别了，佛的境界深渺不可思议，何来净、何来秽、何来苦、何来乐……

4 平凡而真实的教法

过去对释迦牟尼佛的认知，是宗教信仰上皈依的教主，是大殿里让我瞻仰礼拜的庄严圣像，进一步明白佛陀法身是亘古常存，遍满虚空无所不在；重要的，祂已在我心。

但是，直到读了《阿含经》，我才感觉佛陀的鲜活真实！才清楚感受到祂曾经确切生活在这个地球上。于是，经典里的佛陀，信仰上的佛陀，真正亲切贴近地与我同在，偕我同行了。（按照哈佛大学天文学家夏普理的理论，两千五百多年前，佛陀呼吸中吐出的氩原子，仍在我们的呼吸间进出呢！）

阿含，意译为“法归”。根据东晋僧肇大师的解释：“法归者，盖是万善之渊府，总持之林苑。其为典也……道无不由，法无不在。譬彼巨海百川所归，故以法归为名。”由此可知，《阿含经》实为佛法之最上者。

许多学者将《阿含经》视为小乘经典而轻忽，殊不知此部经典质朴而实在地记录了人间佛陀的言行，更含有佛教的根本义理，如四圣谛、十二因缘、三法印、四念处、空、缘起、中道、八正道，等等。因此，梁启超在其《说四阿含》的专论中，即明确说道“吾以为真欲治佛学者，宜有事于阿含”。可以说《阿含经》乃是大乘佛教思想的根源，后来的大乘经典如《般若经》、《法华经》、《华严经》、《涅槃经》等，也都是从《阿含经》的精神发展出来的。

从《阿含经》，我们看到佛陀降胎、出生、成道、说法至涅槃的一生历程。一位在深宫养尊处优、锦衣玉食，不谙世事、不明人间疾苦的太子，一次出城游玩，看见“头白齿落，面皱身偻，拄杖羸步，喘息而行”、“身羸腹大，面目黧黑，独卧粪秽，口不能言”、“诸根坏败，存亡异趣”三种人，才认识、惊觉生命的老病死。他恐怖战栗，为探索生命的幽微，步上求道之路，终而为人类点燃智慧之光。

佛陀将他证悟的宇宙人生真理，告诉出家、在家弟子，以及国王、大臣、平民百姓。除了佛教根本教理，也有许多修身、齐家、治国、平天下的伦理道德。如摩竭陀国的阿阇世王想攻打跋祇国，但不知胜负如何，便命大臣禹舍前往请教佛陀。佛陀以“七不退法”化解一场血腥的战争，这七点都是有关国家政治的结构与行事准则。当时的佛陀，对国家的期许即是非专制、独裁，而换以集会议事、相互尊重、平等公正的民主共和体制。

佛陀认为国家的兴衰与君主的道德有密切关系，所以，他常教诫帝王们要清廉宽容，依法治化，不贪名利，身口意要质直清净……写到此，不禁想起最近台湾地区政局的各种乱象，应该请这些政治人物来好好研读《阿含经》!“君主贤能德政，则国运必昌，人民幸福；君主失德，则国运必堕，人民痛苦。”若要社会富强久安，人民丰衣足食，当政者实应自我慎思惕厉。

其他如佛陀教导善生对于亲子、师弟、夫妻、亲友，在经济、道德各方面，应该如何礼敬、对待，告诉玉耶女如何做个贤妻良母，等等，都可窥知佛法的人间性与实用性。

另外，“善有善报，恶有恶报”是不灭的真理，但是一般人常抱着存疑的态度。在《阿含经》里，佛陀说及因果善恶业报的地方很多，如《中阿含·鹦鹉经》中，鹦鹉摩纳问，为何他家的白狗，前世是他的父亲？佛陀为他说六道的果报，以及寿命长短、健康、美丑等因缘。《长阿含·三聚经》里，佛陀为比丘讲说有十法能令众生归向恶道、善道及涅槃。

有一次佛陀在摩竭陀国弘法，当天晚上住进针毛鬼的家。那时针毛鬼和其他鬼神正在别处聚会，炎鬼看见佛陀夜宿针毛鬼的家，赶紧跑去跟针毛鬼说：“你真有福报呀！如来住到你家去了！”针毛鬼说：“我倒要试试看他到底是真如来，还是假如来？”

聚会结束，针毛鬼回到家，看见佛陀在里面，就用身体去碰触佛陀，佛陀挪开身体躲避他。针毛鬼试了三次，佛陀都不让他碰。针毛鬼得意地问道：“沙门，你怕我，是不是？”佛陀说：“我不怕你，只是你触到我，对你不利。”

针毛鬼不理会佛陀的善意，还凶狠地说：“我有问题问你，如果你的回答不能令我满意，我就破坏你的心，撕裂你的胸膛，让你的热血从你的面孔流出来，然后抓着你双手，把你扔到恒河对岸！”

无论是诸天、魔、梵，是没有人伤害得了佛陀的，佛陀不计较针毛鬼的恐吓，依然平静地说：“你有什么问题，就问吧，我当为你解答。”针毛鬼于是问佛陀：“一切贪恚心，以何为其因？不乐身毛竖，恐怖从何起……”佛陀告诉他所有的贪恚、恐怖等情绪，都是由“爱”而有，如同树木的气根及葛藤依附树木一样，明白此因才能度脱生死苦海。针毛鬼为自己的嗔恚慢佛而忏悔，并依佛陀受持三皈依。

连青面獠牙的鬼类众生都懂得向佛陀请法，也都能改过迁善，真是不简单！

在读《阿含经》时，除了天人、菩萨，更会看到许多和我们一样，有贪嗔痴慢疑各种习气和烦恼的凡夫俗子；在五欲六尘里翻滚的姿态，也一样丑陋、可笑又可悲。但是，不知是缘于佛陀的威德感召、权巧方便，还是当时的众生觉照力强，容易惭愧自省，他们每每听闻佛陀的教诲，都是即刻受教忏悔。不像现在的我们，被别人一指责，不是恼羞成怒，就是如“死鸭子嘴硬”，至死仍倔拗不认错！怀古慨今，这是我心中一直存疑的。

佛陀此世为度群迷而应化示现之身，具足丰盈的慈悲，渊博的智慧，但于人身的生老病死，生活的衣食住行，教化的语默动静，却又那么贴切、真实、平凡，不惊不骇，不怪不诞，而自然契入每个人的生命里。

5 何处是儿家

一只至少四公分长的蟑螂，沿着墙壁，在房间四周围跑着。见它栖栖遑遑不知所适地来回奔走，又不时振翅冲到半空中飞旋几圈，再回到地上继续奔驰，我按捺已窜至喉头的惊叫声，呆呆静静地望着和我一样恐慌不安的蟑螂，心中生起悲悯。

不由得想起年轻时，负笈他乡读书，每当暮色低垂，山脚下屋子里一盏一盏灯亮起来，那昏黄柔和的光晕，总会勾起我的乡愁；游子想家的心情，凄凉中掺着仓皇不安。

但是，为何回到家，有了家，身体栖息了，一颗心犹无法全然安稳笃定下来？

《观无量寿经》里，阿阇世受提婆达多的教唆，将父王频婆娑罗王囚禁。母后韦提希夫人用酥蜜和面涂在身上，璎珞中盛入葡萄浆，趁着每日探监之便，让国王食用。阴谋没得逞，阿阇世愤怒地将母后幽禁深宫。韦提希夫人为生此忤逆恶子而愁忧憔悴，她扑倒地上，向佛陀哀泣："唯愿世尊，为我广说无忧恼处，我当往生，不乐阎浮提浊恶世也。此浊恶世界，地狱、恶鬼、畜生盈满，多不善聚。愿我未来，不闻恶声，不见恶人……"

佛陀于是为她示现极乐世界的清净、庄严；一个无三恶道，唯诸善上人相聚的国土。

我们生存的世界哪无恶声、哪无恶人、哪无恶事？如阿阇世弑父弑母之恶事，固然不多见，但是大大小小的杀盗掳掠、欺瞒诈骗，何日无之？贫困饥寒、伤残病痛，又何处无之？

是以法藏比丘用五大劫的思维修习，以二百一十亿诸佛的清净妙土为蓝图，建构了西方极乐净土。“一切诸佛悉具一切愿满，方得成佛。”法藏比丘已得正觉，已成阿弥陀佛，因此，我们相信西方净土所呈现的必定是确切无虚的！

从净土三经之《无量寿经》、《阿弥陀经》，我们更看到极乐世界的依报殊胜，那儿七宝合成，恢廓旷荡，不论环境、气候、衣食住行皆随心所欲，舒适愉悦；也看到极乐世界的正报庄严，那儿的人们个个皆颜貌端正，美丽无比。

（今夏特别酷热，快被烤焦焖烂之际，不禁遥想净土的温凉柔和、不寒不暑。只是我有些好奇，地球有黄、白、红、黑不同人种，且高矮胖瘦殊异，那儿的人都如三十二相之真金色，形貌又相同，无美丑之别，该如何区分张三李四啊？）

阿弥陀佛四十八愿，愿愿顾念众生的需求，愿愿填补娑婆的缺憾。随着日出日落，体力衰弱，生命耗减，谁能不畏惧老死的逼迫？“寿命无量愿”让我们明白永恒无限生命之可期，而不哀叹眷恋已逝的青春。过去没有好好修习，此世身躯有缺陷，“诸根具足愿”让盲聋喑哑残陋者，得以预约一个完美的躯体。“蒙光柔软愿”让个性顽强，以至处处碰壁触礁者，因佛光拂照而身心变得柔软。讲究穿着打扮但又懒得整理清洗的人，“衣服随念愿”能使各种曼丽衣服随念在身；最美的是不用裁缝、染治、浣濯。除此，到了阿弥陀佛的国土，我们更具足六神通，以及诵经得慧、演说妙智、随愿闻法、住定见佛、清净解脱等功德。

如此的世界，谁不向往呢？

去年，弟弟的儿子骤然往生，中年丧子，夫妻俩的哀痛自是难以言喻。家人请月光寺的法师做第一场诵经佛事之后，当天晚上，弟弟就梦见他儿子出现在一大片金色光芒前，神采奕奕地扬手说道："爸爸，我要出国了！"弟弟问他："出国？什么时候？"儿子回答的日期竟是第二天才确定的火葬、告别式的日期！接连几天，又托梦他搭上一艘大船远行……

这孩子本性敦厚善良，加上法师、家人的诵经助念，家人于哀伤不舍中，也堪慰、笃信"他已蒙佛接引至西方"。饶是如此，有一天弟弟疑惑地问我："子逸到了极乐世界，是不是就不会再投胎转世？"又喃喃自语："这辈子的父子缘那么短，不够的……我希望能再续缘……"望着弟弟茫然、空洞又冀盼的眼神，我心揺痛。

尽管号为"极乐"，能安心养身，无任何忧悲苦恼，但是，对大部分的人而言，终不及能拥抱的温热身体，终不及能感受的亲昵、欢愉（即或是酸甜苦辣百味交陈）之情感来得贴近真实呀！

有位法师尝说：我不求往生西方，不过我要上去"看一看"，待一阵子就回来人间。

我只好这么告诉弟弟。

或许念力（或业力）牵引，他们父子再续人间情缘；或许乘愿再来，还入生死流而不尽有为、不住无为。谁知呢？

至心、深心、一心求生净土者，念念弥陀，总会有阿弥陀佛、观世音菩萨、大势至菩萨手持莲花莲台来迎接。纵使罪业深重，只要晓得忏悔，一心念佛，信愿归向弥陀，也能带业往生，居于下品中生或下品下生；即使经六劫、十二大劫，莲花乃开，终究能闻菩萨说法，发无上道心（窝在清香的莲花苞里，想必也蛮舒服、蛮安全的，至少不会再造恶业）。

没有人生是完美的，于娑婆世界一意追求完美的人，徒劳自苦，徒增不安。到现在我才明白原来我一直在追寻一个让我能“安心”的家；可世间无永恒安稳之家，只能借着佛力，将梦想寄托西方了。

不过，惠能大师言：“若悟无生顿法，见西方只在刹那；不悟念佛求生，路遥如何能达?”阿弥陀佛之四十八愿，无一愿非众生本具之清净心。那么，不论是求生净土的人，或乐居阎浮提，深信“随所住处恒安乐”的人，不是都应自心还严自土，以本自清净之性，摄取当下的净土吗？好难喔！

6 方名自在人

坐上蒲团，盘腿，把身体放置妥当，心中默念“一切有为法，如梦幻泡影，如露亦如电，应作如是观”，接着就进入“空观”。

平时也是以观“空”，作为修行的所缘境，期能从缘起性空的观照，放下累劫多生对人事物的种种执著。大部分时刻还好，多能欢喜平静地过日子。有时不免“破功”，落入“说时似悟，对境生迷”的困境。

细细思维：何种“境”会令人生迷？事不关己则已，关己则乱；和自己相关的事可太多了！我的面貌、身材、年龄、学历、工作……我的爸妈、丈夫、妻子、孩子、好朋友、猫、狗……我的房子、车子、财物、贷款……我的荣誉、尊严、面子、职位、权利……每天早上一睁开眼，尽是和“我”有关的事，怎能自在，怎不一个“乱”字了得？

难怪《金刚经》要我们“无我相、无人相、无众生相、无寿者相”。由于对我、我所的执取缠缚，我们快乐、烦恼，也造业、生死流转不已。因此在为最上乘者、大乘菩萨者宣说的《金刚经》里，佛陀一而再、再而三地为我们“扫相”解缚。

星云大师曾说，有一次他对信众讲说此经，下了台，母亲指正他：

“你说得不对，做人可以无我相，怎能无人相呢?”果然有其母必有其子，自幼在母亲“不可目中无人”的熏陶下，大师心中念念都是他人，都是一切众生；若无“但愿众生得离苦”的基本悲愿，如何生起菩提心呢？真正的菩萨是“灭度无量无数无边众生，实无众生得灭度者”，自然能无我度生，虽度而无度了。

有次志公托人捎话给南岳山上的慧思禅师，问他：“为什么不下山教化众生，成天坐在那里看星星、看彩云干什么?”慧思禅师回答：“三世诸佛都被我一口吞尽，哪里还有什么众生可教化?”如此境界也忒高，薄地凡夫难思量。继之一想，我们不都是在自他圣凡净秽的分别中，固守自己的认知、观念、道德标准，而试图改变他人他事，到头来徒自苦苦他、自恼恼他吗！

无能为力，做不了主，是行走世间的慨叹。千古艰难唯一死，能如歌利王被割截身体，节节肢解时，明了“五蕴身非有，四大本来空；将头临白刃，一似斩春风”。无相而无怒无嗔，如此看待万事万物，有何不能了的?

凡所有相皆是虚妄，不论有形无形，可见不可见，皆非常住不变，都是刹那刹那在迁流生灭，因为“无住”，所以应作“无相”观；扫相破执，也就能无住生活。

五祖弘忍半夜为惠能说《金刚经》，教至“应无所住而生其心”，惠能当下大悟“一切万法不离自性”，也从《金刚经》的精神，开展其顿悟禅“无相、无念、无住”的宗旨。

此“无住生心”实大妙！时间无住、身体无住、心念无住，但我们却从小到大到老到死都苦苦追求，企图抓住什么，一颗心也总是顾念过去，憧憬未来，耽着现在。“明天会更好”，是希望、是励志、是安慰止痛的麻药，可也是有时效的；“悔不当初”，无法弥补已造成的缺憾或伤害；“假如时光能倒流”，更是自欺欺人的梦呓。

德山宣鉴禅师因为回答不出卖饼老婆婆的“点哪个心”，愧然将一生心血所著的《金刚经青龙疏抄》烧毁。几年前，在都市佛学院课堂上，我曾拿这个问题问学员：“如果是你，会怎么回答老婆婆的问话?”大家愕然，有人腼腆微笑，有人歪头思考，突然一个声音冒出：“我点当下肚子饿的心!”我眼睛一亮，对他说：“或许德山禅师当时这么回答，就不用烧掉《青龙疏抄》了!”

念念不住，过去已逝，现在马上成为过去，未来即刻变成现在，哪有什么过去心、未来心、现在心？端看我们如何捕捉当下一念的真心妙用!

话说回来，既然三心不可得，那就放下吧，为何还要“无住生心”？是否矛盾？我想，“无住”是不滞留、不执著、不着二边，是“解粘释缚”，回到本来清净、不颠倒的状态。此时是二乘人认识诸法本体是空的境界，沉寂下去，或许会成个枯木死灰的冷漠自了汉。该再提起，生出活泼泼、热腾腾的心！生出布施心、慈悲心、平常心、欢喜心、感恩心、精进心、平等心……不是吗，诸佛菩萨莫不从无住中，“离一切相，修一切善”而圆满菩提的。

《金刚经》阐扬般若空义，文约而义丰，是大乘佛教非常重要的一部经，历代为其注疏的有数十百家。许多佛教徒视为“学佛之径路”，日日读诵受持，期借此开启智慧，转迷为悟。

五蕴之身不可能离世独存，只能以无住无相之心，如木人看花鸟，任万物假围绕。“心无所缘，随夜明去；身无所住，随日暮止。”日出日落，睁眼闭眼之间，能“终日不离一切事，不被诸境惑，方名自在人”。

解空第一的须菩提是本经的提问者、当机者。我喜欢他的一则公案，有一回他在岩中冥坐，证入空三昧时，天上降下雨花，他问：“是何人雨花赞叹？”空中声响：“我是帝释天。”须菩提再问为何赞叹，帝释天说尊重他善说般若波罗蜜多。须菩提言：“我于般若，未尝说一字，汝云何赞叹？”帝释天曰：“尊者无说，我乃无闻，无说无闻，是真般若。”

般若真义，不在语言文字，却要在字里行间得到无说无闻、无得无修的真空讯息，我们何时能会得？

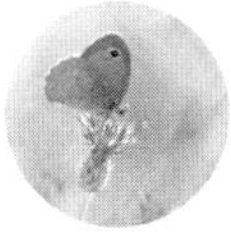

7 销我亿劫颠倒想

有一个人十几年来四处流浪。穷困潦倒之际，他来到佛门，进入大殿，仰头瞻望慈悲肃穆的佛陀圣像，他好似游子回家般欣喜感动。住了下来，不到两个月，因为适应不良和人际上的摩擦，他又卷起包袱继续去流浪。临走前说：“佛祖不在家，我这当客人的只好离开了。”语中含着无奈和嗔怨。

佛，如如不动；心，何其颠倒！

阿难是佛陀的堂弟，一颗心因爱佛敬佛而出家，佛陀却说这不是他的心。阿难惊愕惶恐，说他“承事诸佛及善知识，发大勇猛”，是用此心；即使“谤法，永退善根”，也是用此心。

这颗心时而雀跃，时而悲伤；时而善美，时而邪恶。为何如此颠倒？有无恒常安定不变的心呢？

《楞严经》一开头写到阿难出外乞食，遭摩登伽女的幻术所惑，几将破戒体，幸好佛陀以神咒及时摄护、救回。阿难悲泣惭愧自己无法掌控心性。佛陀问他：“心在何处？”阿难七次回答心在外、在内、在中间等，都被佛陀驳斥，这就是有名的“七处征心”。

佛陀真不愧是伟大的教育家，不直接告诉答案，而是步步追问、层层剥析的脑力激荡！

同样的，以三岁、十岁的天真稚嫩，至六七十岁的耄耋衰弱，身体状态不同，但观恒河之水的“见性”却无二，来告诉波斯匿王，在缘生缘灭、变化无常中，有个元无生灭的“常住真心”。

有道是“自读首楞严，从此不尝人间糟糠味”。《楞严经》自译出就颇多争议，甚至被部分学者斥为“伪经”。尽管如此，却无碍它的流传与重要性。从这部内容丰富庞杂的经典里，我们看到许多佛学思想兼容并蓄，如般若系统的诸法性空，天台宗的诸法实相、开权显实，华严宗的无碍缘起，以及《涅槃经》的佛性论、法相宗的八识阿赖耶识、禅宗的直显真心等，都可以在此经里找到思想依据。因此，佛教学者吕澂才有：“贤家据以解缘起，台家引以说止观，禅者援以证顿悟，密宗又取以通显一”之论议。

本经包含佛教许多重要理论，以及建立坛场、宣说神咒等仪轨。此外，全书结构严谨，文学意味浓厚，多处教化譬喻之善巧精彩，也让人叹为观止。

在“七处征心”、“十番显见”中，以种种比喻说明真心本性。为了显示五蕴虚妄，当体皆空，“本非因缘，非自然性”，则举翳眼看花、双手摩擦等例。其中有一则颇有趣，成语言“望梅止渴”或“说梅止渴”，为何听到别人说“酸梅”，嘴里会生出唾涎？此唾液是嘴里本来就有的，还是来自梅子？若是本来就有，何必等别人说起“梅”才会产生？若来自梅子，咀嚼时，它应会自己生出水来，何况用耳朵听闻，就生出口水，“此水何不耳中而出？”妙呀！耳闻，却是口里出水！

还有，心中想到悬崖，脚底就发麻，也是同样道理。如此，借由

“口水非口出，非梅生，非耳中来”、“脚底酸麻，非悬崖来，非足心出”，知一切非因缘有，但又非离说梅有水、离思崖发麻，所以也非自然生。非因缘即空，非自然即有；从空有不二中，而显明如来藏。

因缘生法是“俗谛”，《楞严经》所诠释的则是最胜义谛，义理深奥，往往不易明了。是以佛陀不厌其烦地一一举譬，说明六入、十二处、十八界、七大，皆是清净本然的“妙真如性”。

既然一切根尘、阴处界等都本来清净，为何世间依然缺憾污浊？依然免不了爱别离、怨憎会、求不得之苦？经中告诉我们：“汝负我命，我还汝债，以是因缘，经百千劫，常在生死。汝爱我心，我怜汝色，以是因缘，经百千劫，常在缠缚。”因着无明、贪爱，我们生生死死、死死生生，一世一世地业果相续。

业果相续，演出人间一出出爱恨情仇的悲喜剧。大部分的人逐妄迷真，却乐此不疲。室罗城中的演若达多，有一天早上起来照镜子，望着镜中俊秀的面庞，不禁深深迷恋，却又疑惑：“为何自己看不见自己的脸？”他以为是魑魅作祟，便抓狂四处奔走。

我们不也是看不到自己的真心佛性，光是频频执取外物，更希冀在天地之间追寻“自我”的表现，追寻“自我”的安身立命，到头来，是否也会如演若达多一般“迷头认影”？

空华水月，梦事灯影，皆虚妄非有；眼见耳闻身受，感觉那么的真实贴切，我们能清楚觉知它的虚妄性，而不分别、不起烦恼吗？迷悟，一念之间；生灭去来，皆如来藏。即妄即真，能识否？

如古德言：“迷时踏破荒山岭，悟来方知在目前。”演若达多怖头狂走，试问我们何时也才悟“头非从外得”，而销镕亿劫之颠倒妄想？

曾经看过一张图片，浪涛滚滚拍击的海岸，嶙峋高耸的岩壁上，一块同样嶙峋硕壮的巨石稳稳伫立。此图震慑我心！天空布满和海浪同样诡谲、变化多端的灰色云朵。这块石头似乎历尽沧桑，奔驰而来，仰天视海，发觉“天地曾不能以一瞬”，于是乎，它戛然而止，顿然歇足，不再移动，就此安住，任天旋、地转、海腾……狂性自歇，歇即菩提呀！

“根尘同源，缚脱不二”，是《楞严经》一再诠释的意旨，可凡夫俗子如咱们，不是甘心受缚，便是一心求解脱。阿难不明为何令我们“生死轮回，安乐妙常，同是六根，更非他物”！佛陀拿起桌上劫波罗天所献的华巾，一个一个绾成六结，接着用手左右两端拉扯，终不能解。唯有从结心依序解开，才能还原成平整的一条手巾。

“根结若除，尘相自灭，诸妄销亡，不真何待?”巾结、绳结易解，六根之结怎解?

风声雨声鼓声乐声，顺耳声逆耳声，众声喧哗中，但愿我们能如修得耳根圆通法门的观世音菩萨，从闻思修入三摩地，“初于闻中，入流亡所”，终于闻至明心见性，从此销亡颠倒妄想，自度度人。

8 龙华树下

每次参加“梁皇法会”，每卷结束唱“尾赞”是最开心的时刻。一来唱诵、跪拜了一阵子，精神体力已消耗差不多了，尾赞唱完就可以休息片刻，喘口气喝口水。再者，悠扬感人的梵乐随着“亲证菩萨欢喜地，忏文举处罪花飞，解了冤、忏了罪，龙华三会愿相逢，弥勒佛前亲受记”，一字一字，出自肺腑的吐露，好似前一刻随着经文忏悔发愿，至此已解冤释结，同历菩萨的欢喜地、离垢地、发光地……法云地，最后，来到于龙华树下证悟的弥勒佛跟前。

我们祈愿相逢的是怎样的国土呢？

《弥勒上生下生经》说那时大地平整，像镜子一般清明干净，“谷食丰贱，人民炽盛，多诸珍宝”，而且四季温和，没有残花枯叶腐果，地上自然生长着香润可口的粳米，长在树上的都是鲜美香甜的果实，和质地细滑柔软、能让人顺手取来就穿在身上的衣服。（不是原始人的以树叶蔽体，是真的衣服，有趣吧！）

那时，每一个人都无贪嗔痴等烦恼，人心平和，个个“相见欢悦，善言相向”。甚至当地的罗刹鬼（和现在的世界很像，仍有鬼道众生），也很有善根，所行都不违正法。经文说每当夜晚，人民睡觉之后，这些鬼就出来，把白天大家制造的垃圾清除，并用芳香的水洗净地上各种污秽。第二天大家踏出门，迎接的都是干净整洁又清香的大地（那时候就没“清道夫”这项工作了）。

如此美好的国土，是未来的弥勒佛所成就的，弥勒信仰也在不少祖师大德间辗转弘传流行。

东晋道安大师与弟子法遇等八人，在弥勒菩萨前发愿往生兜率天。相传道安往生前，有一异僧从窗缝中自如出入，道安问他自己的去处，此僧人手指西北，随手一拨，云开天霁，兜率天的殊胜妙境呈现在众人眼前。不久，道安就无疾而终。唐朝的玄奘大师及其弟子窥基大师，也都发愿往生弥勒净土。还有，慧远大师曾到弥勒净土一游，憨山大师梦升兜率，虚云老和尚于兜率受教……

数世修“慈心观”，不杀生、不食肉而得“慈”氏之姓的弥勒，与释迦牟尼佛同一世代，也出家跟随佛学习，后来先佛入灭上生到兜率天。据说弥勒菩萨受释迦牟尼佛之托，在兜率天除了为诸天说法，也要为世间众生解答佛学上的疑问。因此，许多僧人希望往生兜率天，最大目的还是因为“弥勒决疑”；弥勒菩萨能传道、授业、解惑，成了其信仰流传的推动力！

现在我们所看到的弥勒菩萨像，大都是体形圆胖，袒胸露腹，圆圆的脸庞挂着欢喜的笑容。开怀洒脱自在是他的本色，却为何不似其他佛像的庄重？

相传五代时，有位叫契此的僧人，身体肥胖，衣着邋遢，言谈举止不拘小节。平日以竹杖荷个布袋，到处行化乞食，大家叫他“布袋和尚”。有一天快中午时，他来到永寿寺斋堂，大剌剌地走进去，往正中央方丈和尚的位置坐下。午斋时刻快到，全寺僧众已准备排班过堂，知客师赶紧上前请他下坐，契此不理睬，兀自稳稳坐着。知客师赶不动，一急伸手揪住他的耳朵，欲扯将下来，哪知两腿迈开往门外跑了数步，回头一望，布袋和尚身体没移半分，一只耳朵却像面条般拖拽得十来尺长。知客师一惊，把方丈和尚找来，方丈和尚知其非常人，乃菩萨化身，便将中间座位让给他。这就是寺院斋堂中央供奉弥勒菩萨的缘由。

布袋和尚示寂前留下一偈："弥勒真弥勒，分身百千亿；时时示时人，时人自不识。"人们认为他是弥勒菩萨的化身，后来弥勒佛像就以布袋和尚的形象来塑造。

许多寺院山门供奉笑口常开的弥勒菩萨像，让人一进寺院，会油然生起欢喜亲切之感。浑然天成满月般的稚子容颜，永远慈悲喜舍、随缘随众的大菩萨行，可是多少世修得？当我们也能如他"有人骂老拙，老拙自说好；有人打老拙，老拙自睡倒；涕唾在面上，随他自干了"、"也不论是非，也不把家办，也不争人我，也不做好汉"，就能像弥勒佛一样"大肚能容，了却人间多少事；满腔欢喜，笑开天下古今愁"。

每每读经典，总为佛陀殷切悲悯护念众生的慈心而感动；不只为当代的众生，佛陀更心系千世万世亿世之后的众生。到极乐净土，必须念佛至"一心不乱"，唯恐娑婆世界的我们业障深重，难调御散乱之心，佛陀于是敷设一个"近易普及"的方便路。

《弥勒上生下生经》中，佛陀说只要我们"不厌生死，乐生天者，爱敬无上菩提心者，欲为弥勒作弟子者"，而且"持五戒、八斋、具足戒，修十善法"，就能升至兜率天，时时听闻弥勒菩萨演说妙法。即使不能生兜率净土，五十六亿七千万年之后，当弥勒下生，于龙华树下成佛时，现今曾经见佛闻法，结过佛缘，种下善因者，皆能在龙华三会时得度。

想一想这样的画面：弥勒佛来到摩竭国界毗提村的山窟，打开山门，与奉佛之命等待他，不般涅槃的大迦叶尊者见面。望着坚守法脉五十六亿七千万年的大迦叶，有九十六亿人“诸尘垢尽，得法眼净”，而证阿罗汉。弥勒佛搭上大迦叶的袈裟，以种种华香，虔敬供养躯体方奄然星散的迦叶尊者；这是最初之会。接着，第二会有九十四亿人得度，第三会有九十二亿人得度。

有慈心的人儿，我们会相逢在第几会呢?

9 法王大宝

每次经过那一方小莲花池，我都会停下来，驻足观赏。十来株粉紫、奶白、浅黄的各色莲花，娇美素雅，亭亭玉立水中。

不闻清香，但见墨绿色的水面，逐渐腐烂的莲叶半褐半青地摊着，细碎的凤凰枯叶点点漂浮，更有随风飞落的杂枝野草四处狼藉。时而蚊蝇小虫盘旋、触跳，溅起微微涟漪。

为何婀娜清秀的莲花美人，不是生长于清净无尘的水晶琉璃宫殿？

即因它“污泥出净莲”的特殊，与“花果同时”的特质，才让“经中之王”的《妙法莲华经》取之为经名吧！

“华严最初三七日，阿含十二方等八，二十二年般若谈，法华涅槃共八载。”此偈描写佛陀一生说法的状况。佛陀成道后二十一天里，以他自内证的体验宣讲《华严经》，当时只有普贤、文殊等大根性的菩萨才能领会。佛陀于是以十二年时间，为如聋若哑的小乘人说了《四阿含经》。之后为了让二乘人“由小入大”，八年之间说《维摩》、《胜鬘》等大乘经典。接着为了破斥大小乘的偏执，用二十二年时间阐明般若空性。最后见众生根机渐趋成熟，开演诸法实相，一切众生悉有佛性，如来常住不变的真理。

天台宗的判教，将佛陀的教法，分为华严、鹿苑（阿含）、方等、般若、法华涅槃五时。并以太阳升起、日照偏移之不同，和乳味、酪味、生酥味、熟酥味、醍醐味之譬喻，判定《法华经》、《涅槃经》已是日正当中，普照大地，属最纯熟、最殊胜的无上醍醐味，是佛陀最圆满的教法！

佛陀说法四十九年，以一生智慧结晶成三藏十二部经，让我们得闻，得以破迷启悟。《法华经》的“如来寿量品”说，佛陀是无量无边百千万亿那由他劫来，就已“久远成佛”；若非如此，哪能具有震开宇宙昏蒙，照破千年暗室的大智慧？出现此世界有生老病死的肉身，显现“八相成道”的一生，不过是一种方便罢了。

而诸佛世尊常以“无数方便、种种因缘、譬喻、言辞，演说妙法”，为的则是“开示悟入佛之知见”；此亦是《法华经》的义旨所在。佛已智慧圆满，何劳开示悟入？实乃开启、指示我们本自具有的佛之知见，清楚明白自己的佛智，更要确实体悟、深刻契入，与佛融为一体，究竟而成佛了！

但是，我们却总是开示悟入“众生”的知见。

有的人两眼如“探照灯”，全身似“刺猬”，搜寻各角落的黑暗、污浊、险恶，然后理直气壮，咄咄逼人，俨若执法的正义判官；只不知是“只许州官放火，不许百姓点灯”的官僚嘴脸，或只见别人的过失袋、却看不见背在背后的自己的过失袋？

有的人看到别人聪明、美丽、富有，或飞黄腾达、事事顺遂，自己相形见绌，不禁心酸眼红，嫉妒怨叹，甚至生起旁人碰触不得的“卑慢”保护烟幕。而亲密的人伦人际之间，患得患失的情感纠葛，更显露忿恨恼覆诳谄忌害等各种人性之丑陋。

想一想，我们确实一生都陷在这种种凡夫众生的知见泥淖里，举步维艰，奋力挣扎，不幸的更惨遭灭顶！

善观因缘、恒常喜乐、安然自在的佛知见，我们往往弃之不顾。

熊熊燃烧的屋子里，一群小孩无知无觉地玩游戏，忧心的父亲焦急呼喊，慌乱追赶。不知火是何物，有何可畏的孩子，乐着嬉戏，浑然不理。父亲只好告诉孩子，外面有他们喜爱的鹿车、羊车、牛车，这些小孩才赶紧冲出去。远离火宅，到了外面宽敞安全的空地，松下一口气的父亲，高兴地给了每个孩子一辆装饰豪华的大白牛车。

自幼离家、穷蹇困顿的流浪汉，几十年后来到一栋豪宅前。屋主大富长者一见，便认出这位羸瘦憔悴、穿着破烂的汉子是自己失散许多年的儿子。流浪汉却因多年处在污浊逆境，胆怯畏缩，无法接受富翁的善心美意。为了去除穷子的防备心，这位富爸爸费尽心思，最后还脱下身上华丽细服，穿上粗敝肮脏的衣服，脸上涂抹灰尘，“同事摄”地和穷子一起做掏粪便的低下工作。

慢慢地，穷子开始信任他，心志也变得开通；富翁在去世之前，终于能将所有财产交给他，穷子也明白自己原来是富家子。

这是《法华经》著名“七喻”中的两个故事。和其他的药草、化城、衣珠、髻珠、医子的譬喻一样，都是用来说明诸法实相。鹿车、羊车、牛车喻三乘，大白牛车的一佛乘，才是佛陀真正要传达给我们的。

开三乘的权巧方便，来彰显一乘的真实教义，此“开权显实”、“会三归一”是《法华经》的微妙宗旨。经典原无高下优劣，只因众生根性有利钝智愚，佛陀才开设不同法门。如佛陀告诉舍利弗，“知诸众生有种种欲，深心所著，随其本性”，而为他说法。乐自修独处，不喜热闹的，就为他说小乘法；有大众性格又发心度众利人的，就为他说大乘法。

各人选择与自己相契的经典，能从中悟得佛知见，悟得无二亦无三的一乘实相，才是最究竟的吧。或许有人从《阿含经》中，看到佛陀本怀而发大心，有人却是读了《大乘般若经》，没悟空理，反谤“非佛说”呢。

如同莲池中的污水，我们视它为莲花生长的养分，抑是登革热病菌的滋生祸源？如此净秽并存，是为生佛不二，而莲花之“花果同时”，也象征即权即实。事实上，“于一佛乘分别说三”，权中有实，实中含权，不论利根、钝根，皆须假修行始得。

因此，虽然观诸法空相，于法无所行，但经中仍要我们安住于身、口、意、誓愿四种安乐行，也举常不轻菩萨、观世音菩萨之行谊，让我们明白“佛道悬旷，经无量劫勤苦积行，具修诸度，然后乃成”。明了如来真实义，有诸佛菩萨为修行典范，相信“本无心有所希求，今法王大宝自然而至”，佛法大宝藏何愁不能得之呢！

10 本源自性天真佛

苏州虎丘山上，一位被视为妖言惑众、离经叛道的僧人，于寂天寞地中，想到自己的处境，不禁黯然悲痛，询问周围磈磊众多的石头："如我所说，契佛心否?"有情若石，竟个个点头应和。

这便是有名的"生公说法，顽石点头"的典故。有人或调侃或酸气地说，是道生大师满腔悲情，泪眼潸潸，水光朦胧，恍然而见石头摇动……欧阳修"泪眼问花花不语"，道生却是"泪眼问石石点头"，可不美哉!

顽石点头，回应道生的"一阐提人皆得成佛"!

"一阐提"是无恶不作、善根断绝之人。法显所译的《大般泥洹经》言一切众生皆得成佛，唯一阐提除外。道生深体佛意：一阐提同属众生，怎说他没佛性？怎否定他不能成佛呢？于是道生孤明先发，揭橥"一阐提亦得成佛"的主张，他的大胆言论，当然不能见容于僧团。直到昙无谶翻译的《大般涅槃经》传来，才证明其真知灼见。也因道生的大力宣扬，"佛性本具"、"顿悟成佛"之说蔚为研究风潮，而成为佛教的重要思想理论。

对于"佛性"，各经论有不同的称谓如：菩提、心地、法界、如来藏、真如，等等。此"佛性"二字，有"佛的体性"或"成佛的可能性”两种解释，因此也引发佛性“本有”或“始有”之争，甚至天台、华严、禅宗三大宗派，在“众生佛性本具”上又有不同的说法与特点。

印度波罗提尊者言：“遍现俱该沙界，收摄在一微尘；识者知是佛性，不识唤作精魂。”《大般涅槃经》里，则以贫女宝藏、力士额珠、暗室瓶瓮、雪山甜药之喻，来说明众生本有佛性，只是平时不得见，一朝尘尽光生，自能显露清朗的佛性。

所以，佛陀不肯轻易放弃任何一个人。《大般涅槃经》的“迦叶菩萨品”里举出一例，善星比丘为佛陀侍者，但是他不信因果，没有惭愧之心，甚至对佛陀生起恶心，而被称为“一阐提断下之人”。佛陀说：“善星比丘常为无量诸众生等，宣说一切无善恶果，尔时永断一切善根，乃至无有如毛发许。”如此无药可救的弟子，佛陀依然让他留在身边，“我久知是善星比丘当断善根，犹故共住满二十年，畜养共行。我若远弃，不近左右，是人当教无量众生造作恶业”。为了担心善星出去作恶业、教人造作恶业，佛陀才让他留在僧团。

佛陀还说，一阐提之人如“不治之死尸”、“烧焦之种子”、“已钻之果核”，他们“未来之世虽可救拔，现在之世无如之何，是故名为不可救济”，即使如此，一阐提虽断善根，但不断佛性；由于佛性的因缘则可得救。“佛性者，非过去、非未来、非现在，是故佛性不可得断。”就是因为佛性没有过去、现在、未来，非内非外、非常非无常、非有漏非无漏，所以不会随着生命老死、随着业力造作而断除丧失。

不过，可别自恃佛性不失就胡作非为。自作恶业依然得尝痛苦的果报，经中言如同有人跌入粪坑，全身淹没，即使善知识用手挠住露出的些许头发，也难以济拔；堕在愚痴晦暗之恶道，要拨云见日是更加困难了！

所谓“一念普观无量劫”，佛性可以纵横古今，无量劫之事也可以收归当下的一念。

世尊在拘尸那揭罗城外，将入涅槃时，四周各有的一双同根娑罗树，突然每一双中之一株惨然变白，枝叶、花果、树皮皆爆裂坠落而枯萎下来，另一株却青茂依旧。这些树被称为“四枯四荣树”或“非枯非荣树”，也分别譬喻为“常与无常”、“我与无我”、“乐与无乐”、“净与不净”。佛陀以自己的肉身、法身，大自然的荣枯并存，告诉我们，在灯尽油枯之际，同时有个灵明不灭的法身存在。

阐扬常住不变之佛性思想的《大般涅槃经》，是佛陀最后的教法，它为博大精深，殊胜无比的教理，画下最圆满的句点。

学佛之人多能明白“诸行无常、诸法无我”的真理，也从了知世间无一不变，无一为我所能主宰，而逐渐看淡看破，放下豁达。不过，是否会像一学僧向赵州禅师提出疑问：“世界有成住坏空，当风吹初禅，水淹二禅，火烧三禅，一切灰飞烟灭，此身依何而住？还会存在吗？”是否也如赵州禅师随口一句“随他去”，事后因心头未悄然，成为年高八十的“千山走衲僧”，行脚去寻觅最究竟的答案？

有为法的世间相，随着因缘而有生有灭、有来有去，是真理；不随因缘而生灭来去的“涅槃寂静”，更是真理。此“常乐我净”的大涅槃，身心永断贪嗔痴的寂静佛性，才是我们唯一能拥有，唯一能掌握的！

佛性，不论称之为法身、圆觉，或涅槃；不论各宗对它体、相、用之诠释有何不同，佛性是肯定存在每一个人的生命里，不分出家、在家，不分愚贤、贫富、贵贱，佛性都原原本本，实实在在地存在；这是佛陀在菩提树下金刚座上证悟时所发现的。

慧忠国师为了帮助服侍自己三十年的侍者开悟，三唤其名，侍者随意三应，却茫茫不知其所以然。国师叹道："是你辜负我，将来可不要说我辜负你！"无门和尚说慧忠老婆心切，不厌其烦地按着牛头要它吃青草，哪知小笨牛不领情（不肯承担），或者肚子里已塞满草包，美食当前，再也吃不下了。无门还调侃他："国清才子贵，家富小儿娇。"在典籍多如汗牛充栋，法宝唾手可得的现代，我们不也如侍者，任佛陀、任明师如何呼唤，都难以让"真我"萌芽吗？

《永嘉证道歌》说："君不见，绝学无为闲道人，不除妄想不求真；无明实性即佛性，幻化空身即法身；法身觉了无一物，本源自性天真佛。"我们会迷惑而不悟自性，在生死苦海中浮沉，都是因无明烦恼等尘埃所覆盖，如果能识得清净的本来面目，那么，连一阐提都能成佛，连狗子都有佛性，连无情草木都能说法，何况具有善根的我们呢！

【风檐展书读】

风来　云来
人间有书
遍地缤纷花儿开
人间有书
暗夜孤身不徘徊

1 望之·即之

从来伟人皆因立德、立言、立功而流芳千古。

当世有一人禀赋悲天悯人的胸怀，倾毕生之力为人间谋求福祉，他坚信宗教抚慰润生的力量，证明佛法实为五浊暗昧之世的曙光，于是孜孜矻矻，精进不懈，在世界各地遍撒和平喜乐的种子——他就是致力弘扬人间佛教，已将佛光普照三千界的星云大师！

符芝瑛所写的《云水日月——星云大师传》，二〇〇六年四月一出版，即连续两个月蝉联诚品书局之畅销书排行榜第一名。作者具有专业的新闻、编辑素养，敏锐的洞察力，加上鲜明灵动的文字功力，在她笔下，一代大师从出生、成长、出家到弘法，一路走来，各种酸甜苦辣之心路历程，如一部气势深博的电影，慑心震魄地在我们眼前一幕一幕地流过。

人能弘道，事须人成。星云大师弘法六十年，创造出丰硕的功业：佛光山出家弟子一千两百多人，在海内外有近两百个道场，全球有一百七十几个国家地区设有佛光协会，信徒、会员两三百万……

重视文教的大师，不只几十年来自己笔耕不辍，著作等身，讲学说法，诲人无数，更成立出版社、杂志社、报社、电视台、美术馆等文化事业；在教育方面，海内外有十六所佛教学院、十七所图书馆、四所大学、两所高中、两所中小学、四所幼儿园、八所社区大学、一所信徒大学，以及都市佛学院、胜鬘书院，等等。

大师希望借由文化传播、教育扎根的力量，将佛法普及，让人心净化，使社会国家乃至全世界都和谐幸福。

高希均教授以他对星云大师十多年的认识，形容大师是“一位果断的、身体力行的宗教改革家；一位慈悲的、普及佛理的创意大师；一位博爱的、提倡知识的教育家”。因其有创新、改革的慧眼与毅力，所以，五十余年来，在文化、教育、慈善、活动、法会、布教各方面，创下许多佛教金氏纪录的“第一”。

星云大师常自谦只是一个平凡的和尚，但是因为有着为教的忧患意识，为道的笃实心态，为事的敏锐觉知，为众的慈悲愿心，以及大陆著名学者余秋雨所言的“形象大、格局大、气魄大、心胸大、理想大”，使得人间佛教能在此世绽放亮丽的光彩！

一九九五年，星云大师第一本传记《传灯》，也是符芝瑛执笔。事隔十年，再为大师立传，她舍易就难，不单写续集，而是重新来过，其实这是极大的挑战：挑战十年前的自己！

无疑的，她是成功的。《云水日月》比《传灯》更完整、更全面、更深入地让读者认识星云大师、佛光山和人间佛教。时间纵的延长，空间横的敷展，以大师为圆心，向外扩散，一切人事物自然堆叠更多更高，写作的题材更加丰富。

除此，重要的，同样是大师的传记，同样的书写者，这两本最大的不同是什么？我认为《云水日月》的笔端多了宗教情操，以及宗教情怀所自然渗出的宽容柔软。

在此书后记里，符芝瑛说在天下文化出版公司任主编时，她接到为大师写传的任务之后，第一次上佛光山就向大师“摊牌”：

> 一、我不是佛教徒，也没打算成为佛教徒（不要向我传教）。二、我们公司会负责一切差旅费用（不要对我怀柔）。三、写完之后可以看不可以改（不要影响我的专业）。一年多之后，绕了半个地球，以大师为证明师，我，符芝瑛，多么“铁齿”的一个家伙，竟然皈依为佛教徒。

成了佛教徒，成了星云大师的弟子，再为他写传，于理性、客观、旁观之外，字里行间掺揉发自肺腑的真诚感情；她对大师已从“望之俨然”的尊敬（带点陌生），进到“即之也温”的孺慕之情。

《云水日月》出版之后，符芝瑛应邀和佛光山的弟子、信徒分享她的写作心得。座谈中，谈及她从《传灯》到《云水日月》的“会跟”过程与心情。从门外到门内，一步一步皆是一点一滴的感动牵引进来。感动大师“来为众生来，去为众生去”的无私无我；感动大师伟岸轩昂的身躯中，有着细腻温暖的菩萨心，圣洁可爱的稚子心。

她说初次上佛光山，是大师以关怀的眼神，温煦的笑容，将她忐忑不安的心熨平安稳；在宜兰圆明寺关房写作，台风来袭，狂风暴雨猛击小木屋，是大师的电话关心慰问，化解她的恐惧……“许多人都说，大师有着弥勒佛的相貌，观世音菩萨的心肠；性格柔软敦厚，大肚能容天下事，如太阳一般暖融融，让人脱掉坚硬冷漠的外衣，赤裸裸交出一颗真心。”

是的，大师常告诫弟子：“你们做错事，弄坏东西，我都可以原谅，唯独骂人、对人不好，我绝不原谅!”对人有情有义的大师以“待人好”嘱咐弟子，自己更身体力行。

记得前年到日本本栖寺，看着大伙儿骑脚踏车环湖，好不惬意。羡慕之余，我便在师兄协助下，摇摇晃晃学会骑脚踏车了。有一天，在寺院空地上绕圈子。大师和几位法师在不远斜坡上跑香，一位师兄跟我招手，我一见师父，就兴奋地冲过去，一上斜坡，猛踩脚踏，却是走没几步就滑下来。事后那位师兄告诉我，当时他一举手，师父就制止，说：“不要叫他，他才刚学骑车，力道不够，爬不上来。”但是已来不及，果然如师父所料。

又有一次，气温稍降，我拿起放在椅背的外套要让师父穿上，“叩——”一声，一只手机从外套口袋摔到地上，旁边的人叫道：“手机摔坏了，那么不小心……”师父见我一脸惶恐，不待他说完即插嘴：“他不知道里面有东西啦!”师父一开口，四周原本欲七嘴八舌的都禁声了。

是的，只要有机会接触，很少有人不被大师的体贴周到感动！也都能细数自己一箩筐的感动。

望之，星云大师是镁光灯下、讲台上、众人簇拥中令人肃然起敬的一代宗师；即之，大师是大海，可以涵容愚智、贫富、净秽等一切众生，是磁铁，以无限的慈悲智慧，牢牢吸住每个人的心。

同样的，望之，佛光山是辉煌殿宇，进步设备；即之，看到佛光山的传统修持，井然制度。望之，人间佛教是一波波的热闹活动，一场场的庄严法会；即之，看到人间佛教在文化、教育的辛勤耕耘与重大贡献。

望之、即之，在《云水日月》里，读者可以真正读懂星云大师，读懂佛光山，读懂人间佛教。

2何人不起故园情

千年走一回，
山高水又长。
车轮滚滚尘飞扬，
祖先托我来拜访。
我是昆仑的云，
我是黄河的浪，
我是涅槃的凤凰再飞翔。

法老的陵墓，
巴比伦的墙。
希腊海滨夜潮起，
耶路撒冷秋风凉。
我是废墟的泪，
我是隔代的伤，
恒河边的梵钟在何方？

千年走一回，

山高水又长。

东方有人长相忆，

祖先托我来拜访。

我是屈原的梦，

我是李白的唱，

我是涅槃的凤凰再飞翔！

看到这首词，顿时心中一震，鼻酸眼热，不禁再回头低声念着，两行热泪终于滚滚落下；我一遍一遍念着，任泪水淌流满腮。

这是余秋雨教授二〇〇〇年随着香港凤凰卫视的越野车队，跋涉数万里，考察几个古文明发祥地的“千禧之旅”时写的一首主题歌。那年看他《千年一叹》最后补记中的这首词并没异样的感觉，现在出现在《借我一生》里，为何牵引出如此激动的情绪？是因明白了他写这首歌时的悲怆难言的心情，抑是从翻开书本第一页，读第一个字开始，就被卷入的错综复杂情感的释放？

一九九七年，余秋雨教授来台湾，那时我们佛光文化和普门杂志的同仁，有幸能逮着他空当的时段，在台北道场与他座谈近三个小时。第一次也是唯一一次的会面，留在脑海里的是一个理路清晰，思想缜密，所言尽是令人惊叹、令人思索的智慧学者；是一个宽厚、温和，有着光明磊落风骨的文化君子。接下来，从读他一本本的书中，我心中笃定地将他推向了陶渊明、苏东坡、林语堂等我心仪文人的行列（丝毫不理会其他粗哑难听的声音）。

不过，从这本记忆文学里，我才对这位我所敬重的作家有了些许具体的了解。此书从他父亲的往生开始，也结尾在父亲的墓地。余教授平正、真实地描绘父亲、祖父、祖母；母亲、外公、外婆两家人的群像，组合勾勒出这几十年来中国大陆典型的民间生态史，当然更包含了这位文化学者的成长史。

令人难忘的是对于扑面而来的文化灾难，仕途与学界的社会百态，余教授始终不改其宽恕、厚道的心怀，以及冷静、强硬的态度。而如卓嘉麟先生在专文介绍里写的："作者在叙述自己的人生历程时，表现了一种蔑视灾难、不断突破、立足大地、叩问世界的转型期精神选择，也表现了这种精神选择所带来的为难与孤独。"

理性、宏观的学者外衣下，包裹着丰沛厚实的感情；能坚毅不屈面对一切磨难，却无法不以柔软悲悯的眼睛来看待任何受苦的生命。这是怎样的人格呀？我想只能用十六个字来形容："云山苍苍，江水泱泱，先生之风，山高水长。"

身为中国人，过去学校地理课的地名、历史课的人名事迹，是教学的意义与文字的记忆。即使诗词歌赋的吟哦玩味，多了遥想缅怀的心灵空间，也只是如在云端渊底的遥想缅怀。是《文化苦旅》、《山居笔记》，让这许多中国山水、古迹、文明、历史，一个个在我心深处鲜明而温柔地召唤；遥远的灵魂终须寻得归宿啊。

以前读《岳阳楼记》，知道它"在洞庭一湖，衔远山，吞长江"、"北通巫峡，南极潇湘"；有着"霪雨霏霏"和"春和景明"的借景抒怀，以及留下范仲淹"先天下之忧而忧，后天下之乐而乐"的千古名句。读了余教授的《洞庭一角》，则更深沉地看到范仲淹的悲壮气概，再看到"朗吟飞过洞庭湖"的吕洞宾的顽泼、君山岛上娥皇、女英的古墓及种种传说，好似探得了一座神秘、复杂又难解的大湖，一座蕴藏丰富生命、展现中华文化的宏阔大湖。

还有李白的“朝辞白帝彩云间，千里江陵一日还。两岸猿声啼不住，轻舟已过万重山”，诗中的壮丽飞扬、飘逸潇洒，也在他《三峡》一文中获得鲜活的历史生命。作为三峡起点的白帝城，余教授说它：“本来就熔铸着两种声音、两番神貌：李白与刘备，诗情与战火，豪迈与沉郁，对自然美的朝觐与对山河主宰权的争逐。”光是这段文字，就予人无限的企盼与沉思。

就这样，古代许多大文豪、大诗人都希望能在那儿安家终老，如今却寂寞无人的“天柱山”；累积一千多年宗教信仰、艺术、文化，让多少人身心涤清的“莫高窟”；以及庐山、西湖、都江堰、江南小镇……还有杜甫、白居易、林和靖、李冰……许多以漫长时间串起的空间和人间，在我心底交织成晶莹瑰丽又悲恸沉重、深邃宁静的梦土。

不过也是读了他的新作《借我一生》，才了解他每一本书的写作因缘、过程、现实背景，和那种让人不禁掩卷闭眼，或赞叹或不忍的沉重使命感。他考察了中华文化，再从其他古文明的考察对比中，整理出完整的中华文明的形貌，如此以神圣使命、磅礴精神、诚恳心地写就的书籍，怎能不撼动所有中国灵魂？怎不叫浅薄的现代炎黄子孙关注、感动和珍惜？

生长在台湾的人民，有多少人亲见昆仑的云、黄河的浪？又有多少现代人能理解屈原的梦、李白的唱？虽说世事本无常，成住坏空是永远的自然法则，但面对以无言以残破以荒芜以寂寞，来诉说历史与文明的废墟，有谁能不动容揪心？

二〇〇〇年，我也曾随团朝礼印度佛教圣地。十二天的旅程，所经之处大多只见断垣残壁的斑驳遗迹，孤独地矗立在地老天荒、人贫畜瘦的大地上。经过两千五百多年的沧桑，陈旧衰颓也是必然，令我伤痛的是贫穷至无耻，贪婪至丑陋，落后至脏乱的一幅幅画面。

拜访佛陀的故乡，寻的是宗教信仰的根，却在抚今追昔中掺入更多对古老文明与贫贱生命的思索悲叹。

记得我们那个年代有不少人期盼“第一次出国，就是回国”！出国即回国，是怎样微妙复杂的情结呀！

在海峡的东方亦有人长相忆。如今，我们这一岸向五千多年的那一岸寻根，已不是困难的事。可叹的是波谲云诡的政治让一切变得乌烟瘴气，让短短的回国路变得颠颠簸簸，崎岖难行。

“日暮乡关何处是，烟波江上使人愁。”真的像崔颢一样，思乡望乡又怯回乡吗？如果真如《乡关何处》所写的：“焦渴的思念完全可以转换成回乡的行动，然而真的回乡又总是失望……乡愁越浓越不敢回去，越不敢回去越愿意把自己和故乡连在一起——简直成了一种可怖的循环。”我们畏怯的又是什么？

管他呢！我要追溯的是炎黄世胄的血脉，我要找寻的是那五千多年的中华文明，我要践履的是魂梦牵系的美丽山；一座座许多文人墨客留下痕迹的人文山水。

我们能否只是如此追溯、如此找寻、如此践履？

3 心魔之戒

这几年《哈利·波利》掀起热潮，我也像爱凑热闹的“麻瓜”小孩，跟着“上”了五个学期的魔法学校。因为此书的唤醒，出版界又“正本溯源”牵出了《魔戒三部曲》。

作为“奇幻文学”开拓者的《魔戒》，早已历经半世纪读者的肯定，成功地跻身经典作品之林。在一九九七年，一套三本的《魔戒》已在全球卖出五千万套以上，甚至有书评写道：“这个世界只剩两种人，读过《魔戒》和没有读过的人。读过的人超过一亿人，而且数字还在不断增加中……”

无论小说或电影，皆有人发表意见、写文章推荐，实不用我再锦上添花。不过，我还是忍不住想说说心中的感想。

读《魔戒》和读《哈利·波利》的感觉完全不同！《哈利·波利》的剧情紧凑、精彩、扣人心弦，但文字浅白，读来轻松愉快。《魔戒》嘛，内容真要浓缩，不到十分钟就讲完了。曾有人寄了一个三分钟的《魔戒》动画精华版给我，看了不禁哈哈大笑！我“K”了数十小时，三大部各达五六百页的书，竟然被屏幕上几行字，和几个用线条勾勒出的简单的“人”，在跑来跑去中，传神而清洁溜溜地刷洗过去了(这个人比作者托尔金更厉害)！

所以，《魔戒》绝不是打发时间、消遣性的小说！它宛如一部巨大、严谨的史诗，其叙事、描景、写人之用字遣词，可说极为优美、细致、动人，值得让人用心去深思咀嚼。

故事从第三纪元，一枚魔戒意外落入喜爱大自然、安逸、重享受的哈比人手中开始。

第一纪元时，天魔王的索伦借着魔戒建立了庞大的黑暗王国，一时，整个中土世界都笼罩在邪恶势力之下。过了两千多年，人类和精灵结合，打算消灭魔王，结果两败俱伤，人皇和精灵王都战死，索伦也败亡，魔戒则失去下落。不过，索伦的肉身虽然灰飞烟灭，他的灵魂并没有散失，隐匿很长一段时间，到了第三纪元，他转生重现，四处搜寻这枚至尊魔戒，准备重整霸业，一统天下。

魔戒具有腐蚀人心的致命吸引力，魔王得到它，固然能增强邪恶的力量，贤者善者拥有它，也会不由自主地受其操纵，而变得邪诈丑恶。因此经过几位关怀世界安危的多位重要人士之商议，决定摧毁这枚魔戒；在铸造它的地方——魔王之境的末日火山，才能摧毁它。

由巫师、哈比人、人类、精灵、矮人组成的九人“魔戒远征队”，护送魔戒持有者，前往魔窟，就此展开一场困难重重又惊险万分的黑暗之旅。当然，最后是任务达成，圆满收场。

我们来欣赏一两段精彩的文字。当狡猾、卑鄙、肮脏，又紧随不舍的生物咕鲁，费尽心思，终于咬断魔戒持有者佛罗多的手指，夺到魔戒后，“咕鲁像是疯了一般高举着魔戒，在深渊的边缘狂舞着，戒指中还连着一根血淋淋的手指……魔戒发出刺眼的光芒，仿佛它是由纯粹的火焰打造而成的。咕鲁大喊着：‘喔，我的宝贝！’正当他全心全意都在欣赏手上的战利品时，不慎一脚踏了空，在裂隙边缘试图保持平衡，拼命挥舞着双手；最后，尖叫着落了下去——从那深渊中传来他最后一声凄厉的‘宝贝’，然后一切都消失了……”

而整个黑暗王国“……高塔崩垮，高山落下，墙壁粉碎融化、跌落地面，浓密的烟尘和雾气冲天直上，直到顶端撞击到高空，又如同暴雨一般落洒回地面……最后，大地传来了闷响，渐渐转变成怒吼，地动山摇，平原炸开了多处裂口……戒灵们像是利箭一般撕裂云层和浓烟，却如同大地一般剥落、溶融，消失在空气中”。

魔戒毁灭时的爆破力，依然如此恐怖、诡异，和令人震撼！

合上书，我从奇幻世界里喜爱吟诗的精灵、半兽人、会说话会走路的大树、跑得比风快的俊美神驹、闪着幽光的洞穴、黄金的宫殿……回到了现实。

不禁想着：小小一枚戒指，有着惊天撼地的力量；它，不就是我们这颗心吗？《八大人觉经》说：“心是恶源，形为罪薮。”当“贪欲”现起时，有多少人拉得住奔腾不止的意念？有多少人通得过心中“魔戒”的考验？通不过，于是“心取地狱，心取饿鬼，心取畜生”，种种恶业之造作皆由它也！

此书除了故事好看，文字精致之外，它的文学价值更在当中的人性刻画吧。在看到暴力、背叛、丑恶、怯懦、自私、占有等黑暗面的同时，必然也会发现和平、忠诚、善良、勇敢、大爱、奉献等光明面的存在。

译者朱学恒因为从小打电玩，而对奇幻世界产生强烈兴趣。他将“奇想”与“幻想”结合成为“奇幻”，在他催生发扬之下，“奇幻文学”也俨然成一时之显学。

奇者，精彩、吸引人；幻者，虚拟、不真实。我们从书中享受文学之美，从书中的虚幻映照现实；我们也从现实生活中体会虚无，从现实中透彻生灭缘起。虚而实，实而虚，虚虚实实、实实虚虚。明白这点，也不枉也。

4 自由与爱缚之间

一位长得像她家“金吉拉”猫咪一般漂亮的女孩，送了我一本关于猫咪的书。比一般书籍小巧的书本，拿在手上，用红色蜡笔写成的五个大字：《猫咪不要哭》，印在素白雅致的封面上，即时抢眼地揪出心的悸动。

在我最喜欢的交通工具——火车上，以闲适的心情处在人人疏离、不受干扰的空间里，我用手指触摸着磨砂般纸质的封皮，反复摩挲间，我被迎入一座由雪白猫砂搭建的猫之城堡里。

平时我们视动物为宠物，我们是主人。但这座猫的城堡里，主角当然是猫。名为“达西”的我，将饲养它的人类称为“我的人”，他们的关系是“她是我的仆人，而我是女王”。如此的自负，是因为一首古老祖先流传下来的猫之歌，让它明白自己有着猫族的优秀高贵血统，天生要被人类服侍宠爱的。不过，这位女王可是忒煞多情！

选择并认定了所爱的人作为伴侣，为了让自己得到更好的侍候，达西首先给它的仆人上课；仆人必须了解六个命令——我要出去、让我进来、我要吃饭、给我水喝、摸摸我、别烦我。生活上的训练和共识并不困难，会引来不愉快，产生摩擦的往往是价值观念、感情认定等精神层面的问题（即使对猫和人这两种不同的动物）。

达西有同类朋友，但最爱的仍是“我的人”；它对“我的人”所付出的真心全爱、关怀、慰藉，令人惊讶、动容。很难想象一只小小的猫儿，竟有如此浓烈的感情。而情到深处即是执，当达西发觉“我的人”心有旁骛，没对等地给它完整的爱时，其受伤、生气、嫉妒的种种情绪和人类没有两般。

内敛、有教养的达西不会暴跳如雷，它以冷漠、自我放逐的孤寂来抗议，以离家出走作为报复，也会以拼命地吃作为空虚心灵的慰藉（结果把自己变成大肥猫）。

谁说猫儿无情？我饲养的猫也曾因我北上念大学而跟着消失，过了四个月，等我暑假回家，它才又跑回来，直至现在，家人仍怀疑那四个月它到底去了哪里？

蒂·瑞迪（Dee Ready）是住在美国明尼苏达州的新闻工作者和作家，她与达西相伴十七年，在达西往生后，写了这本书，作为达西以一生陪伴她、祝福她、关爱她的回馈。他们之间真挚深刻的感情，让人读到最后也不禁跟着流下清泪。

自认是“爱猫一族”，我曾专家似的介绍猫的优雅、沉稳、干净，如哲学家般爱沉思，如小情人般爱撒娇，不会“呼之则来，挥之则去”，具有独立自主的风骨……但是看了这本“真人真猫真事”的书，才发觉自己对猫的内在心灵层面所知仍有限。

现在回想起来，实际共住的生活里，我一直是以自己的方式在爱它们。我有洁癖，不能忍受动物身上的腥膻味，便强迫怕水的猫每周都得洗澡；怕它们在外面染上皮肤病、带回虱子，更是绝对禁止它们踏出屋门（还阿Q的认为比起被关在笼子里的猫，整个屋子的活动空间够大了)。于是它们那好奇、爱探险的灵魂，只好停格在端坐窗台凝望远方的双眸里。看到“我的人”瑞迪总会为达西开一扇窗，让它自由进出，四处探险，不禁惭愧自己那专制又自我的爱。

过去有人认为爱猫的人至少有三个优点：

> 愿意付出爱，并且不企盼对方同等的回报。
>
> 不求别人奉承阿谀，就像他养猫的时候，也不要求猫一定要来示好。
>
> 度量很大，给他身旁的人充分的自由，就像放任他所爱的猫一样。

这是从“爱猫者和猫有类似性格”的说法衍生出的论点。若果如此，由达西身上，我们又看到感情与自由的扞格、牵扯：生命难有绝对的自由！无论身体或心灵。

风筝随风在空中上下飞翔，除非线的那一端松开，除非自身粉碎，它是不自由的；树上的叶片始终依根存活，除非它离枝掉落，而当它能随风飘扬、随尘远行，也是生命枯萎凋敝之时了。

爱，是生命的根源，也是生命的束缚；自由，是生命的本能，也是生命的解脱。唯有挣脱了爱缚，才有绝对的自由；一种和孤独、寂寞画上等号的自由。

吊诡的是所有的动物（尤其是人)，大都是贪心地想同时拥有两者。而且更多的是自己要当个不受束缚的自由人，却又渴望温暖，却又用情网网住对方，不予他自由，是不是?

生命的牵扯，不就是如此吗?

5 和尚的力量

一九五九年十月，中国“大跃进”时期，全国处在饥荒、野蛮、动荡的境地。内蒙古普济寺的僧人们为了佛法的延续，向年老的师父拜别，然后各奔东西。大部分僧人逃往印度、尼泊尔，只有最年轻的宗才孤身南行。他沿着黄河、饥荒最严重的华北，经过四川、湖南，最后到达广州。

一年的逃亡之旅，为了躲避红卫兵，他大多晓宿夜行，白天睡在灌木丛、水沟或洞穴里。太阳下山后，在凄冷的黑夜里，他独自一人踏入冰冷的河水，走入沙漠，爬过一座又一座光秃的山峦。饿时吃草根，渴了吮吸树皮上的水分；沿途所见是各种死亡的面貌，见过不可胜数的尸体；几度和死神擦身而过，存活下来的宗才说：“我不再在乎死亡，死已奈何不了我。”

宗才由广州再偷渡至香港，已是一九六一年二月农历新年前夕了。在香港住了十二年，由于“洛克菲勒基金会”奖学金之助，宗才得以到美国进修。一九八七年在纽约州的山城胡士托邂逅了隐遁潦倒的诗人乔治·科瑞恩（George Crane），两人一见如故，自此这位蒙古禅师与美国嬉皮一起说禅、行禅、翻译禅诗。

后来，得知普济寺并未免于“文化大革命”的劫难，已被炸药炸成石头碎片，师父也去世了，被简单埋在毛乌素沙漠的某处；虽然这样的结局并不意外，宗才却因此郁郁消沉了好长一段时间。终于他决定回去寻找师父的骨骸，他要将师父的骨骸火化，为他举行葬礼。

于是，一九九六年，普济寺最后的僧人——七十一岁的宗才，和小他二十岁的乔治，提着一尊佛像，从纽约奔往暌违四十载，终年黄沙吹袭、狂风呼啸的内蒙古。于是有了《师父还在沙漠里》这本书的诞生。

乔治·科瑞恩写的这本书以真实历史为背景，深入刻画了一个真实故事，具体而微地见证一场时代灾难，也从灾难中看到生命如草芥般卑贱、不值一文，如蜉蝣般脆弱、瞬息即灭。除此，贯穿全书的更有一位僧人高贵的宗教情操，以及很特别、很人性的“禅味”。

宗才不只是僧人，也是诗人、画家，他熟谙《易经》，会中国功夫，更是针灸师、草药专家（真的是“蒙古大夫”）。在乔治眼里，宗才是可敬可爱的“全才”；无论在美国或回到大陆，他都以通身本领适时地济世救人。

“慈悲，是我的宗教”、“修行，是我的生命”，如此的信念与胸襟，让宗才虽然一生苦难却无丝毫怨尤，甚至能无私忘我地为周围的人全然奉献身心。

宗才的慈悲，还表现在他的宽容与柔软。他律己甚严，却不刻板，也不以形式上的修行要求别人。如出家人不食荤腥，在农村只有豆腐、炒蒜苗的简单食物时，他说蒜头有益身体，乔治可以多吃；他虔诚地五体投地礼拜佛像，却允许乔治轻松地对佛像说：“哈啰，佛陀！”如此活泼、不拘谨，不传法不说教，反而真正度化了乔治这位怀疑论者。

他所传授的正是道地的禅的心法，他说：“禅，是你推不动、摸不到、看不着、听不见、说不出来，也伤害不了的。”而能保持清静心，“就可以看得见东、看得见西、看得见天、看得见地。每一件事情都会变得清静、变得一清二楚，甚至在阴影中也看得见”。

好几次，当遇到挫折艰难，或乔治惊讶他种种不可思议的治病奇迹时，他都神色自若地说：“我是和尚，我有特殊的力量。”他的特殊力量是什么？我一路看下去，原来就是专心与单纯。

就是那么简单！因为专心致志，所以宗才能把每一件事做得很好。

我想起苏东坡的《黠鼠赋》，狡猾的老鼠以装死来逃生，它“不啮而啮，以声致人；不死而死，以形求脱”，饱学多识的苏学士被骗之后，恍然失笑，觉悟道：“人能碎千金之璧，不能无失声于破釜；能搏猛虎，不能无变色于蜂虿。此不一之患也。”因为不能专一守心，我们才会毛毛躁躁、惊慌失措而失去原本清明的理智，以致无法成事吧！

另外，宗才说：“单纯的僧人拥有的是自由，而自由就是力量。”也是值得我们深思的。不只是僧人，一般人不也是如此吗？生活简单朴素，就不会为物所役；心灵简单纯净，就不会为情所困。身心不被物质、人事、情感所役所困，当然能逍遥自在了！至此便是“人到无求品自高”、“无欲则刚”的境界，也会涌出如《心经》所言的“无挂碍、无有恐怖”的力量了！

原来，这就是和尚的力量。

山居的日子，每天清晨踏出屋门，仰望黝黑天空的一弯明月和离它不远那颗最亮的金星，清寂、孤独、剔透的氛围，总让我想起月光下离开普济寺的宗才，以及这位和尚的力量。

6 抽离生活面板

很早以前玩过一种球，如乒乓球拍一般大小的木拍中央，以一条橡皮绳系着一颗小橡皮球。拍板拿在手上，上下晃动，随着橡皮绳的拉扯，小球在拍子上面一上一下地弹跳。开始很新鲜，有着能全盘掌控的成就感。玩过几次就觉得索然无味，还不如玩单手轮番抛接两颗鸡蛋来得刺激！

球、拍相连，不管怎么弹跳，球都离不开线，都会回到拍子上。

我们的生命，为了生存离不开吃喝拉撒；为了生活（或生活得体面），用功读书，努力工作，拼命赚钱。日复一日，年复一年，从家里到公司，从公司到家里，或许换了几个工作，或许走过不同街道，或许认识不少朋友。不过大体上，并没有脱离一般社会所依循的认同和习惯。

没错，就是习惯！习惯定律如隐形线，牵引我们必得回到固定的生活面板。总要等到一个特殊的“机缘”：健康亮起红灯，或遭逢重大挫败、家庭变故……才会幡然醒悟，反省检视生命的价值，或许已时不逮矣，或许可双手一摧，打碎生活牌局，从头开始。

曾是《纽约时报》专栏作家的戴维·柯恩（David Cohen），其主编的三本书长期高踞畅销书排行榜。他事业稳定平顺，有栋位于郊区的大宅、一辆轿车、一个恩爱甜蜜的老婆、三个活泼逗人的孩子，以及两只拉布拉多猎犬。但是不知怎的，年过四十不久，他竟然开始心神不宁。年轻时闯荡天下，热爱冒险刺激的细胞，如东风解冻蠢然而动的蛰伏虫儿，猛地在血液里奔钻不已。

他告诉自己必须脱离固定的生活面板，不是只度个长假，“我要的是一次干干净净的中断、一张完全空白的时间表、一种扎扎实实的归零”，于是，在《休假一年》里，我们看到他卖掉房屋、停掉事业、清除家当，放下一切，携家带眷去环游世界了！

想想看，夫妻俩带着一个八岁的女儿，两个分别为七岁、两岁的儿子，历时三百九十一天，走过六大洲、十六个国家，会是怎样的情况？

每到一地，他们或住旅店、或租农庄、或以船为屋、或搭帐篷，有时待个六七天，有时住上个把月。就这样，他们直奔巴黎埃菲尔铁塔，探访哥斯达黎加高耸入云的火山、植被茂密的热带雨林；在澳洲大堡礁美丽的珊瑚和鱼群之间浮潜；驾着游艇在艮地运河区悠闲漫游，过了七天水上人家的生活；深入危险的非洲野生动物园，以及吓破胆的激流泛舟。其他如参观罗马圣彼得大教堂、梵蒂冈美术馆、罗浮宫美术馆、泰姬玛哈陵、柬埔寨吴哥窟遗址……

戴维·柯恩为圆自己抽离现实的美梦，自己放了一段长假。热爱妻儿的他不可能自私地独自浪迹天涯，两岁的小儿子只能是包袱、跟班，不用奢望他会留下什么记忆，但他相信对感觉敏锐、吸收力强的两个七八岁孩子而言，精彩的世界之旅，会在他们脑海里种下美丽的种子，也会是他们全家永生难忘的经验。

旅途虽精彩刺激，或大或小的插曲也难免。如两岁的儿子将沾满番茄酱的小红手，顺势抹在一位打扮细致的女士的米黄色麻质长裤上。

还有，进入圣彼得教堂，当百千位游客皆毕恭毕敬走向肃穆的弥撒会场时，这小不点儿兴奋地在这个有回音的拱形屋子里，迅雷不及掩耳地尖起嗓门："啊——"地大喊，顿时，几位梵蒂冈卫兵紧张地由四面拢来，想逮住正卯足劲到处游走的儿子。戴维以一贯幽默俏皮的笔调说："本人表面上看来颜面尽失，私底下却被卢卡斯大声嚷着冲出去现身的模样逗得乐不可支！"

到了陌生地方，迷路是常有的；房间脏乱、衣服几星期没洗，也是小事；严重的意外如大儿子摔断脚踝，女儿撞断手指，又险些于昆士兰黄金海岸灭顶，这些才是惊险难忘、足以为鉴的教训。

行万里路，能欣赏许多世界奇观，了解各地风土人情，扩展生活领域与视野、胸襟，这是毋庸置疑的。我想尤其珍贵的是一年多的日子里，每天二十四小时，两个大人、三个小孩，朝夕都厮守（黏）在一起的既亲密又特殊的感觉吧；是一种不论上天入地，放置哪个空间，骨肉都相连凝聚着的安心和力量吗？

有时抽离现实，让身心放假，是有必要的。如何放假？除非真的很懒，否则旅游应是许多人向往和热衷的。不过，有钱没闲，抽不出空来，行不得也；有闲没钱，交通费、住宿费、吃喝玩乐样样无法打点；有钱有闲，没心、放不下、提不起劲，也无可奈何。

脱离常态的生活和工作，把自己抛入不同的空间，转换一下心境，或许"归来偶把梅花嗅，春在枝头已十分"呢；若恍然悟到"见山还是山，见水还是水"，也应能平静面对周遭"堪忍"的一切了。

当然，有些人胸中自有丘壑，心底常拥三千大千世界，又更高一着了！

7 放牛吃草的时候

半年前，戴了好多年的手表走走停停、走走停停，让我不胜其烦，干脆不戴了，心想就此摆脱时间的紧箍咒吧！

打从有记忆以来，时间便如一把利刃划在一方白嫩豆腐上，切割生活中的吃饭、睡觉、起床、上学、上班、洗澡……平整利落，少有拖泥带水，倾倒碎屑。

但是，手上没时间，心理时间已根深蒂固，眼睛仍会禁不住搜寻墙上的时钟。

因此，劳勃·勒范恩（Robert Levine）的《时间地图》于我，好比一盘新鲜丰盛、美味可口的水果沙拉！勒范恩是美国加州大学心理学系教授，在巴西联邦大学担任访问教授那一年，巴西人对时间的观念和生活步调，令他错愕、混乱，甚至沮丧、狼狈。后来他发现每一地方的生活节奏和其文化价值是密不可分的，“时间会说话，但要知道它到底在说什么，却不是简单的事”。

当了几个月的时间愚人，勒范恩开始研究时间和社会、文化的关系。他花二十年研究时间心理学、地方心理学；以田野调查方式研究“生活步调对身心、社会的影响”、“生活步调和生活品质的关系”，等等。

他的研究小组以三个指标测量三十一个国家的生活步调：一是行人平均行走速度（夏季晴天的早晨上班高峰时段）；二是工作场所的工作速度（以邮局的效率作采样）；三是公共场所时钟的准时程度（观察市中心十五家银行时钟的精准度）；最后合并统计成整体生活节奏。

在全球三十一个国家和地区中，瑞士的生活节奏最快；日本第四；中国台湾地区排名第十四，比新加坡、美国还快；中国大陆排名二十三；墨西哥敬陪末座；印度尼西亚、巴西分别是倒数第二、第三名。（三者都属热带气候国家）

这份研究透露出的讯息是，生活步调快的多为经济较发达、工业程度较高、人口较多、气候较凉爽，及尊重个人主义文化导向的国家和地区。（这是八年以前的调查，如果现在再做市调，我想中国台湾的名次会落后几名吧！）

这是以生活节奏来打量一个地方的文化与社会状况。个人步调快慢，本质上并无好坏之分。常言道“一寸光阴一寸金”，时间真的就是金钱吗？生活在现代的人，分秒必争地赶进度、赶效率，而视做事慢吞吞、浪费时间、没时间观念的人为“拖拉鬼”。

有些地区的人却觉得“浪费时间的观念”很莫名其妙，他们认为“你不是在做这件事，就一定是在做其他事”，怎么会是浪费时间？是呀，即使是无所事事地发呆；或像禅师打坐、印度人喜欢冥想一般；或仰望天空，凝视云朵的变化；或如沈三白幼时爱看草虫，常常蹲在土墙边，“以丛草为林，以虫蚁为兽，以土砾凸者为丘，凹者为壑，神游其中，怡然自得”……是浪费时间吗？

现在的钟表时间是一天二十四小时。翻开“时间史”，原来法国曾经一天只有十小时；一个星期也不见得是七天，斯大林统治下的苏联，曾经一星期只有五天。我们每天算计着上班、下班时间，等着周六、周日的放假，假如哪天被放到无人荒岛，或是在海上漂流个两三天，钟表上的月、日、时、分，就失去意义了！

时间，不是绝对的。同样长短的时间，会因事件或情境而产生不同的心理时间，所以才有度日如年、光阴似箭、一刹那、漫漫长夜等形容词。

离家多年，这几年偶尔有机会和母亲见面相处，发现她老人家动作不似以前轻巧快速，但依然“超”守时的！出门一定提早准备妥当，和她约定了时间，不论何时、何事，她总是打点好等着；几乎都是她等人，极少别人等她。正因手脚不灵活，她更会压缩自己的时间来好整以暇等候着。

从母亲身上，我找到自己看待时间态度的源头！书上说个人的生活节奏，和社会文化、家庭背景，乃至遗传基因皆有关联；原来我在娘胎时，以及出生后吸奶时，就已经接受母亲的节奏了。

而根据《时间地图》里的测试：是否常常关切时钟上的时间、说话模式、进食习惯、步行速度、工作行程规划、等候耐心度……我一项一项评量自己，嘿，我完完全全具备了“时间紧迫性”的个性，是容易得“冠状动脉心脏病”的人！

西班牙谚语说：“匆忙的人先抵达坟墓。”该如何挥掉时间的紧箍咒？不禁憧憬起老祖宗和非洲、墨西哥等地的大自然时间与活动时间：

“就这么说定，明天早上放牛吃草的时候，我会和你碰面。”

“当太阳光让我看得见手上的青筋，就该起床了。”

走到你家要花多少时间呢？“当生米煮成熟饭的时间吧。”

所以呀，写“以书会友”专栏时，当天上挂着弯弯的下弦月，我就知道要交下个月的稿子了。

8 心中的小孩

每当孤独、寂寞、悲伤的氛围，如细密丝网紧紧把我罩住时，我就会拿起佛瑞斯特·卡特（Forrest Carter）的《少年小树之歌》，读它几页。

拥有八分之一印第安血统的小树，五岁失去父母之后，跟着爷爷奶奶住在美国查拉几山区。爷爷奶奶给他全心、宽厚的爱，以及健康的教育；大自然的森林、风儿、小溪、小鹿、乌鸦……伸出热情而温暖的臂膀欢迎他、拥抱他。

这种真心、丰润的人性之爱，这种无私、广博的自然之爱，深深让我悸动；层层荡漾开来的震波，瞬间剥落冷冷密网，融化成一池水，蓄在眼眶里。

每个生命都有渴望被爱与爱人的本能和需要，奶奶教小树认字、念书，告诉他美好的事物要分享给任何遇见的人，这样，美好的事物才会在世界自由地散播开来。

爷爷带着小树认识山林里各种动物、植物，教他耕田、收割，教他如何设陷阱捕猎，也让他知道，印第安人捕鱼和猎杀动物，只是为了食物，绝不是为了娱乐或运动。而且猎捕行为要避开春天和夏天，因为这是动物繁衍后代的季节，爷爷说：“世界上没有一个人能同时兼顾寻找伴侣和为生存奋斗这两件事，动物也是一样。”

不多话的爷爷教了小树许多大自然的规则，更用自己的生命证明他是小树最“亲”的人。

有一天，一条响尾蛇在距离小树的脸不到六寸的地方，正激昂地吐着蛇信，准备攻击已吓得血液凝结、手脚僵住的小树，突然，爷爷的大手伸到响尾蛇与小树之间，尖尖的毒牙于是埋进爷爷的手掌里……奶奶赶来，冷静而奋不顾身地抢救已昏迷不醒的爷爷……小树为自己让爷爷陷入险境而自责，奶奶告诉他，这件事没有人做错，即使是那条响尾蛇。

这就是印第安查拉几人的智慧！

生命的痛苦有时来自自身，有时来自别人。奶奶让五岁的小树明白生命的本质，她说人类的身体里有两种心灵，一个是“肉体心灵”，我们利用它寻找食物和遮风避雨的地方，也利用它寻找伴侣，繁衍后代；另外一个是和肉体需求无关的“精神心灵”。

如果一个人光用肉体的心灵思考，他的行为会变得贪婪而卑贱，此时他的“精神心灵”便会缩小到和山胡桃一般大。奶奶还说，当躯体死亡时，肉体心灵跟着死亡，精神心灵却永远存在，它带着我们去轮回、投胎。

这不就是佛教讲的“心识不灭”吗？心识带着我们的肉体一世一世地轮回，蜎飞蠕动、披毛戴角，是此心造作；同样，“成佛作祖”也由此心。我发现越接近大自然的民族，越懂得宇宙的真理，越是生命的智者！

当精神心灵一直萎缩，最后消失不见，只剩肉体心灵占据躯体时，奶奶说这就是“活死人”。她告诉小树怎么辨别“活死人”：他们看见女人，脑袋里只有肮脏的事；眼睛看到的尽是别人丑恶的缺点；他们看见一棵树，只想到原木和财富。这种人从不知道“美”是什么。

我们周围走动的有多少“活死人”？

让精神心灵茁壮、强大的方法，就是常常了解、关心别人，并付出爱、付出尊重。

后来，小树在孤儿院里，被牧师用木棍不停地毒打，至全身湿湿的鲜血顺着腿直往下流。那时，他也用奶奶教他的方法来忍住疼痛：让自己的肉体心灵沉睡，然后用精神心灵专注地“审视”疼痛，而不是去“感觉”疼痛。

佛陀往昔被歌利王割截身体时，因无我相、无人相，所以不嗔不恨。五六岁的小孩当然不懂“四大假合”、“缘起性空”之理，但是，他能以念力超越肉体的疼痛，实在不可思议！而一个五六岁的小孩如此承受痛、忍住痛的智慧，更令人心痛！

是大自然回馈小树对它们的热爱，而赋予他神秘又神圣的力量吗？他能和树木沟通，孤儿院的榆树、橡树常和他喃喃私语，它们更借着风将小树在孤儿院的苦难，传递给遥远山区的爷爷奶奶。每晚，注视着天上的天狼星，他和爷爷奶奶交谈，传达彼此的思念……

记得小时候我喜欢爬树，坐在树杈间，有着被结实树干拥抱的安全感；也喜欢躺在海边沙滩上，仰望满天的星斗。但是曾几何时，我成了怕蚊蝇、毛毛虫，怕沾惹污泥、霉菌的爱干净的都市人？如爷爷、奶奶、小树个人独享的“秘密小巢”，我也有，不过，现在它只存在我心灵的角落。

自由的内在禁锢在拘谨的外表里，虽也能自得其乐，但更向往能如小树一般，随意地在山林里玩耍、睡觉，采采坚果，看看啄木鸟、浣熊。还有，蹲在小溪中，忘我地观看小雨伞蜘蛛如何在两岸的水蕨上来来回回跳着，好为自己搭一面横跨小溪的美丽珍珠网。这样的生活多惬意啊！

《少年小树之歌》是一首少数民族的生命之歌，它时而清脆婉转，引我如蝴蝶般随风去寻幽访胜；时而仓皇悲怆，令我如落花被卷入乌漆湿冷的泥沼里。更重要的是，它能唤醒我们心中的小孩；跌宕起伏迸溅的泪水，会因糅入了小孩丰富的人性之爱、自然之爱，而变得清澈、柔软和满足。

9 人生的成本效益

曾经在报纸上看过熊秉元教授的几篇文章，觉得内容颇新颖，于是上网买了他的两本著作《熊秉元漫步经济》、《我是体育老师》。身为台大经济系教授，他从经济学的角度，分析社会现象及人生百态，间或旁征博引儒家、道家、佛家之言，而且笔调生动流畅，借由生活实例导入论点的手法又耐人寻味。

过去，我和一般人一样，对经济学的认知，是与金钱、商品、买卖、市场等极现实、极物质的概念相关的学科。对我个人而言，数学和蟑螂同样可怕。大学联考，数学成绩只有个位数；简单的加法，如计算学生成绩，如数钱、统计金额，我常常算三次，三次的数字都不一样……如此的“数字白痴”，对“经济”的恐惧尤甚！

再者，也不知是如何“中毒”而来的，竟有着视金钱如粪土、视富贵如浮云的自命清高的性格。所以，久不见的大学同学，得知这些年来我会看《商业周刊》、《远见》等杂志，都觉得不可思议：我这位“谪仙”怎么也沾上铜臭味了？

现在，读着《熊秉元漫步经济》，有着几十年来对“经济学”误解的愧疚，更有着冰消雾散、视野豁然开朗的喜悦。原来前述的金钱、买卖等只是经济学的一小部分，经济学的研究领域更涵盖社会、政治、法律、教育等层面。熊教授言：“在本质上，经济学其实是一种分析方法——一种‘看事情的角度’——而不是一般人所认为的，狭隘的‘选择的科学’。”既然是“看事情的角度”，就和每个人的生命、生活有关，也就复杂、丰富、有趣多了！

这位脑筋不停地在思考的教授，如孔子“入大庙，每事问”，心中充满许多问号（哪天来数一数全书共有多少个“?”），看到念幼儿园的儿子，不愿把玩具借给“非朋友”的同学，一句“不要，你不是我的朋友”令他非常讶异：“小孩子怎么会这么直接、这么不加修饰地表达自己的好恶和感情?”接着思考每个孩子成长过程中会遭遇的挫折、伤害、挑战……以及培养出怎样的性格？练就出怎样的功夫？一连串的“因果关系”尚在纠结，走进教室，望着台下的大学生，庆幸自己对他们的责任只是把书教好，却又想到什么是“把书教好”?

其他，如叫了一部无线电出租车，想到“商品产生的条件”；一碗牛肉面，有了“供给与需求”的另一种思考；一条强力胶，牵引出一个人的“自我形象”和社会的“良心、责任”问题；系主任的遴选，则有了“民主真谛”的迷惘与惶恐……

果真，经济学家不是“算得很清楚”，而是“想得很清楚”！

当然，我们知道，金钱可以买到有价格的物质，但是无法买到无形的财富。星云大师曾说：“金钱可以买到美食，但买不到食欲；金钱可以买到床铺，但买不到睡眠；金钱可以买到医药，但买不到健康；金钱可以买到书本，但买不到气质……”这些食欲、睡眠、健康、气质，甚至善良、诚实、正直等道德观念，都是无形无价格，但却是有价值、无可取代的。

而从经济学的角度来分析，这一切都是“比较”出来的概念；世间的善恶、美丑、是非、真假，等等，都是相对，而非绝对的判断。

佛教所言更彻底，宇宙万法皆是因缘所生，任何事物都会随着环境、条件而变化，其本质为空，不能从各种相对的假象上“执有”，也不能从绝对的空性中“执空”。作者能从经济学的“相对”观念，来体解《金刚经》“无相无住”之思想，也是其慧根之深厚吧！

书中几次提到经济学的两大基本假设：人是自利的；人是理性的。大部分人被明白地指出是自利，会自私地追求自己的福祉，乍一听，会不以为然地质疑、抗议。于是作者问：“上市场买水果时，有谁尽挑最烂、最丑、最酸、最小的水果，而把最甜、最美、最大、最香的水果留给别人？”还有：“是希望自己升迁，还是先帮助别人升迁？”

没错，因为我们的第七“末那识”，是个“自私自利”的心识，它恒常“执我”，所以才会有我要、我想……的自私行为；扩大推及，就是我的家人、我的朋友、我的国家等大我观念。

人人会思索，不见得人人皆理性。不可能“完全理性”，但是每个人多少有他选择性的“有限理性”，以此理性建构出个人的价值判断、人生观念与生活态度；这也没有绝对好坏、高低的标准。

熊教授遇到一位“不载讲国语的客人”的出租车司机，我也碰过类似的情形。有一次上了公交车，才开口和同事讲话，耳尖的司机转头瞪一眼：“你们不会讲台语吗？”然后放大喉咙，借机教育全车的小学生、国中生（正逢放学时段）：“生在台湾，不会讲台湾话，真不知你们的老师怎么教的……”车上顿时安静下来。没有人敢得罪开车的人。

在我看来，这种主观、偏见，是一种不可理喻的非理性，但对司机而言，是他的认知和选择下的价值判断，我能说不对吗?

明白相对非绝对，是一种理性，应该彼此尊重包容；了解因果关系、因缘法则、中道实义，是一种理性，应该能去贪嗔痴、不执著，自利利他，生活得快活自在。人生的成本效益，如此分析下来，利弊得失就显然摊在眼前了。

作者爱玩“益智游戏”，我跟着上了密集的“头脑体操”课程，不知是否有助于生命成本效益的评估，倒是白头发又增加不少!

10 中国的遗产

二〇〇五年，是郑和下西洋六百周年，七月十一日“航海节”这天，大陆、台港澳地区及全球各地华人区都有庆祝活动，有系列座谈会、展览会、纪念大会等，大陆各港口的二十一万艘运输舰船，更同时齐声鸣笛一分钟。

热闹的庆祝活动，对应着这些日子，中国台湾渔船在钓鱼岛海域，屡屡遭到日本巡防舰的骚扰、驱逐、扣押的事件，不禁让人陷入悲哀、气愤与错愕、颠倒交相混淆的情境中。

人类一再制造历史，也同时遗忘历史。除非自身处在政治或历史所造成的悲剧困境里（如台湾渔民的不平等待遇），大部分的人关注的是眼前的、现实的生活；除非正蒙受政治或历史光环的庇荫之恩，大部分的人仍是懵懵不知“帝力于我何有哉?”

一位从英国皇家海军退休的潜舰舰长，有着丰富的航海经验，曾经沿着欧洲大航海家的路线航遍世界。他爱好中古世纪的历史，在研究古老地图和海图时，意外发现一个可能改写世界历史的线索，于是他花了十五年的时间，走遍全球，广泛搜集古地图及各种文献资料，佐以东西方断简残篇的证据和航海知识、天文学，证实中国人比哥伦布早七十年就发现了美洲大陆，且在麦哲伦前一百年便已环绕地球，探勘了南北极、南北美洲，以及横越太平洋到达澳洲。

从孟西士（Gavin Menzies）这本厚达六百页的《1421 中国发现世界》里，我们看到明成祖永乐年间，中国强大兴荣、世界各国俯首称臣的那种“溥天之下，莫非王土；率土之滨，莫非王臣”的盛业；看到郑和奉命带领史上最大的舰队，往外拓展外交的盛况。

一百多艘巨大的宝船，每艘船长度约一百四十公尺，宽度五十四公尺，可以运送两千吨以上的货物。作者形容：

> 无论从建造工艺、运货量、损害管制、武器、航程、通讯能力……每一方面，中国人都领先欧洲好几个世纪。不管是谁挡在路上，郑和都可以轻易将其摧毁。就算是集合全世界其他国家的海军对抗中国，也不过是一群沙丁鱼进了鲨鱼老大的地盘。

当然，这支庞大舰队的远航，目的是宣扬国威、结交友邦，作为文明强国的中国，无意侵占其他国家的土地和掠夺资源，纯粹是“宣德化而柔远人”的和平之旅。

中国大陆在纪念郑和时，也打着同样的口号，为扩张海权、增强设备，下了“与邻为善，与邻为伴”的和平注解。我们愿意相信中国人是爱好和平的民族，不是吗?

孟西士五岁前，是由中国保姆照顾，长大后也几次“回”到中国，他对中国有着十分特别的感情。从他的字里行间，处处可见他对中华民族的景仰热爱，对中国文化的惊艳崇拜。因此，穿过历史长廊，呈现在他眼前的是一个地大物博的中华帝国。

除了硬体设施，孟西士更发现明成祖朱棣的伟大胸襟和宽广视野，如包容佛教、伊斯兰教、印度教的存在，常向宗教学者请益，宝船远航时，也有佛教高僧与其他宗教领袖同行；让知识分子及各专家一起出海，增广见闻同时，地质学家、冶金学家能沿路探勘地质、矿物，大夫可以寻找各国药草、偏方，植物学家则能传播粮食、农作物……在上位者的用人智慧，促进了各学科的发达。那时，中国科学之深度、广度，皆居世界之冠呢！

其他，如从饮食、穿着、生活习惯各方面，以欧洲的粗俗、野蛮、落后，衬托出中国人的豪华、富贵、优雅；欧洲人以打仗侵略，设立殖民地，来开疆辟土；中国人是借由通商、文化影响来发展外交。

孟西士认为中国人在永乐十九年至二十一年（公元 1421 ~ 1423 年）之间，几乎已航遍全世界。（他坚信有足够的证据支持这种说法。）后来的哥伦布、迪亚士、达迦马、麦哲伦、库克等航海家，他们是带着早就画好旅途目标的海图，“重新”发现“新的大陆”。他说他们得感谢中国的明成祖，及其手下几位勇敢又老练的太监司令官——郑和、周满、洪保等人。

随着宝船舰队的航行，中国的丝绸、青花瓷、玉器、青铜、陶器……被带至世界各地。除此，亚洲鸡被带到南美洲，船上养的狗遗放在太平洋沿岸岛屿及纽西兰等地，长颈鹿、鸵鸟、犀牛等动物，则从非洲漂洋过海来到中国。

不只动物“四处”流通、繁殖，西红柿、甘薯、菠萝、木瓜、椰子树、稻米、玉米、甘蔗、香蕉、棉花等植物，也都是借着宝船载运至各地培育、传播。孟西士认为这是中国对世界文明最大的贡献！再者，那几年中国人踏遍各大陆，难免随处留情，炎黄子孙的血液也就窜流在其他种族里。

《1421中国发现世界》出版后，造成轰动畅销的热潮，但国际间对它的评价是毁誉参半。尽管孟西士花了十几年的时间搜证、钻研，投入大笔金钱造访各地，但牵涉到“改变历史”的严重性，我想，引来争论和攻击也是免不了的。

史实的部分，交给历史学家。

不论千古风流的人物，万世睥睨的盛业，终究会烟灭灰烬，让人欣喜悸动的是，时间流逝、朝代递嬗中，所留下的生命智慧与文化遗产。

透过西方人的笔，回顾已知的历史，邂逅未知的版图。身为中华儿女，不禁油然而生出“大家子弟”的雍容、优雅与温厚、沉稳。

11 走往那一扇门

日本近代文学大家远藤周作，著作等身，一生得奖无数，并于一九九五年获日本文化勋章。《深河》是他倾毕生精华，以宗教为主题的集大成之作。他曾有意以此书问鼎诺贝尔文学奖，可惜让大江健三郎捷足先登，只得抱憾以终。

《深河》这部小说，从日本旅行团到印度佛教圣地观光铺展开来。团员有想参观野鸟的童话作家；有想到印度寺庙为战友做佛事的退役商人，有妻子在临终前笃定自己会转世，被那“一-定-要-找-到-我”的最后遗言牵引来印度的笨拙丈夫。

成濑美津子到印度的目的，则是为寻找大学时被自己抛弃，后来在修道院修行，是神父却又作印度教徒打扮的大津。

深河，指恒河。对印度教徒而言，这条据说由毗湿奴神脚尖流出，由天而降的恒河，是神圣的母性之河。它以无比的慈悲和宽容，含纳一切生灵，接受生者，也接受死者。经过恒河的洗涤，他们都能灭罪消愆，取得通往那扇门的通行证；往生之后能“转世”到善处，不再贫困、饥饿、痛苦，甚至能得解脱，免受轮回之苦。

因此，每天平均都有上万人涌来恒河。多年前，我也曾随团到印度朝圣，那天清晨，天色尚蒙蒙，恒河已是万头攒动，河里也有成千上百的人影。有的敛目合掌；有的拿着水瓢，一次次由顶门灌下；有的掬水洗面、漱口；有的将全身浸入，只冒出一个头……一眼望去，漂浮水面的仿佛是一尊尊造型不一的半身塑像，和一颗颗载浮载沉的浮球。

乘船到对岸，我赤足漫步在柔软绵密的无垠沙滩，当旭日乍升，双手捧起的灰白恒河沙，闪闪映出晶莹细致的光泽时，顿然涌上的缅怀佛陀之悲情，至今犹记忆深深。

众生无数，如恒河沙。“业力故轮转，生死海中回。”转过一世又一世，从过去到现在，下一站，又要到哪里去呢？《薄伽梵歌》言：“彼未尝或生，亦未尝灭，未为已是兮，或又将是非是；未生，常存，永恒，而太始兮，身虽戮兮彼不毁。”如何才能不随业力而转，才有能自己做主的“我”？

许多宗教都有“轮回”的观念，只是用词和定义有些差异，基督教谈的是“永生”、“复活”。在《深河》里，天主教徒的作者，透过《圣经》和自己的人生体验，来认识、衡量东方古老的宗教，在唯一天主的信仰中，平等看待并糅入融合其他宗教的精神。

于是，身为神父的大津，整天在印度的大街小巷，找寻倒毙的尸体，或临终的、重病的、贫穷的游民和弃民，将他们背至恒河。不嫌恶臭、肮脏，不怕感染，不畏辛苦，只为帮他们实现毕生的心愿，让他们进入离苦无忧的国度。特里萨修女会的修女，则在这里建立“死亡之家”，照顾、陪伴孤独的病患平静地走向死亡。

“恒河无论是对伸出腐烂手指乞讨的女性，或被杀的甘地总理，都一样不拒绝，它接受每一个人的骨灰。”如同耶稣承担世人的病痛、悲伤而背负十字架一般，大津认为“神不只是存在于欧洲的基督教，也活在印度教、佛教之中……神不是在人之外，让人仰望的东西，而是在人之中，而且是包容人、包容树木、包容花草的伟大生命”。

因此，住在墓地的印度女神查姆达，即使腹部因饥饿而凹扁，右脚因麻风病而腐烂，还被毒蝎噬啮着，她仍然忍受疾病和疼痛，以萎缩的乳房喂哺小孩。呈现印度人长久以来的病痛、死亡、饥饿的印度之母查姆达，尽管又老又丑，但和清纯、优雅的圣母玛丽亚一样，她依然是母亲。

人间无苦，就不需要耶稣、阿拉，不需要佛菩萨、诸神明；人间无苦，那扇通往永恒安乐的门就不会开启。

李家同教授在此书的序文里，写到他出差到澳洲墨尔本，从大学回到住宿的饭店时，门口警卫欠身为西装笔挺的他开门，从大厅的大镜子里，他形容自己是一副“神气活现”的嘴脸，并想起了书中的大津因为衣衫褴褛，不敢走进豪华饭店和美津子会面。

他不禁反思，如果自己死后能到天堂，报到时，他一定羞愧得在天堂门口躲躲闪闪，说：“我衣衫褴褛，身无分文，天堂里的人不会欢迎我。”相反地，他认为大津这位神父死去后，天堂的守门人一定会对他鞠躬，打开大门让他进去。

他最后还说：“我常常在想，希望有一天，我不敢堂而皇之地到大旅馆去了，也不敢神气活现地和大人物来往，到那时候，我才敢抬起头来，勇敢地面对上苍。”

这段话，我敛容肃穆地念了两遍，然后，问自己：我有资格走进那扇门吗？

12 老有所安

前不久，看了一部东立出版的《看护工向前冲》，让我对漫画寓教于乐的图像功能更刮目相看了！

作者草花里树以细腻的观察力，生动的笔触，编绘出冲击现代社会的老人问题，主题严肃、沉重。译者郑启旭用娴熟流畅的笔触，将活泼跳跃的年轻时代的心情，以及复杂无奈的老人现象，传神地呈现在读者眼前，深刻地打入读者心里。

巧的是这两天因朋友住院，我几度进出医院。在诊间、病房及走道穿梭，迎面的大都是一张张茫然、无助，或焦虑、愁苦的容颜。（除了产房、婴儿房，会洋溢迎接新生命的喜悦和笑声。除此，谁会乐意在此逗留呢？）在拄着拐杖、坐着轮椅或拉着点滴架的患者身边，不再全是亲属，很明显地多了不少穿着制服，健壮利落的中年看护。

电梯里，两位看护自在地扬声对话：“这个星期日，你帮我代班好吗？”另一位歪头想了几秒钟：“星期日，不是中秋节吗，那不行，我要在家陪帅哥！”

望着浅橘色T恤映照的开朗、自信的面庞，我不禁猜想：她家中的帅哥是先生还是儿子？

不知她们目前手边照料的是怎样的患者，是失智、失能或失依？

希望她们也能如《看护工向前冲》的主角百太郎一样，有着“乐在工作”的热情与欢喜。

百太郎高中尚未毕业，处在忧郁的青春期，竟矢志从事看护工作，也从老人看护中找到人生的目标。家里顽强、暴躁的奶奶，变成“真想突然暴毙”、意志消沉的老人；在路上捡到的溜出安养院，痴呆失智的迷路老人；四肢被系在床上，屁股包着成人尿布的老人……十八岁的少年，无法漠视和忍受这种地狱般的老人情境，于是，他唯有像地藏菩萨一样，把自己投入地狱，才能燃烧热情，才能安身立命！

由于人类寿命延长且生育率下降，全球人口老龄化的趋势已越来越严重。根据联合国卫生组织（WHO）的定义，六十五岁以上人口超过全国总人口数百分之二十五的社会，称为“超高龄社会”，超过百分之七称为“高龄化社会”，超过百分之十四称为“高龄社会”。日本已是“高龄社会”，二〇〇四年之后，中国台湾地区也已从高龄化社会快速走向高龄社会了。

最近更看到一项调查统计，台湾地区的失智老人已有十一万人，而且，六十五岁之后，每增加五岁，罹患“失智症”的几率就增加一倍，九十五岁以上的老人，失智率约为三分之一。如此的数据，令人忧心！

老化，成为步履蹒跚、反应迟缓，甚至失忆的老人，不只是路上的陌生人，不只是家中的父母，也会是以后的我们！

父亲因中风缠绵病榻，前前后后约二十年，那个年代还不盛行顾用看护，都是由母亲和我们几个孩子照顾。父亲躯体不能自主，但是神智依然清楚，每每从他寂寞幽怨的眼神、眼角迸出的泪水、颤抖的嘴唇，和喉间勉力发出的模糊话语，我感受到他“生不如死”的痛苦。那时有几次，我竟然希望父亲连“神智”也丧失；没记忆、没感觉，就不会为身体的不自由、心头的种种牵挂而痛苦！

看了《看护工向前冲》的描绘，始知自己对“失智老人”的错误认知。失智不只是失去记忆，往往也丧失基本的生活能力，丧失对人际、时空的概念，甚至情绪、性格和行为也完全改观。痴呆老人不是一直发呆，他们“辨别能力障碍、无法抑制感情、异常饮食、大声说话、发出怪声……”不过，即使如此，“身体跟头脑会随着年纪增加而衰弱，但感情不会衰弱，反而变得更敏感”。生锈、丑陋、不堪用的躯壳里，藏着一颗纤细的心，人间之悲，莫甚于此！

年纪轻轻的百太郎，从一个笨手笨脚、迷迷糊糊、常常闯祸的见习生，成为深谙人性、细心耐烦、照护技巧纯熟的看护员，是缘于他锲而不舍的毅力和威力四射的爱心。

他的爽朗朝气，让失智老人及其家属，重新提振生活的力量；他的热情温暖，融化了失智老人及其家属冷硬僵化的心灵。他看着失智老人逐渐放松脸部肌肉，并一丝丝拾回过去的记忆；看着一肩扛下照顾全责的孝顺媳妇，终于能喘一口气；看着原本厌恶、远离失智父亲的儿媳，终于悔悟，“或许父亲一直在寻找消失的家人吧”……

如此场景触动许多人的心弦，此书在日本引起不少回响，如：“看护问题是无可避免的。可以看出人性，就像一种考验，也是对长寿意义的质疑。”“看了《看护工向前冲》，让我泪水直流。”“这部作品，鼓舞了我们这些从事看护工作的人。”“看了这部作品之后，我觉得幸好有个高龄却很健康的父亲。”“正因为这是四处可见、一般家庭都有可能发生的事，所以更能深刻体会。希望能拍成连续剧。”

“老人安养中心”势必会是兴盛的行业，但是，诚如这位敬业的年轻看护百太郎告诉家属：“不管我们再怎么努力，就算熟练地换过几百次尿布，也都比不上家人的一个笑容……有家人的陪伴，老人才会觉得幸福！”

一部漫画书演出看护人员的心路历程，和老人的苍凉景况，从中点拨了许多家庭问题、社会问题和人性问题；这是大家都不愿面对，但有时却又不得不面对，且难以解决的。

我想我们只能祈愿：每个家中的老人，都能被家人关爱，都能快乐安然地走到生命的终点。

13 狼图腾・草原魂

“天苍苍，野茫茫，风吹草低见牛羊。”几句儿歌勾勒出一幅美丽祥和的草原风光。湛蓝天空下，温润肥沃的青草地，不只是牛羊马群的命脉，仿佛也是滋养人类心灵的宁静梦土。

这本二〇〇五年年初甫一出版，即畅销、震动海内外华文世界，被誉为“旷世奇书”的《狼图腾》，让我们明白草原的复杂、多样和严酷。还有，一般人对狡诈凶猛的野狼，更少有好评，如言人“狼心狗肺”、“狼狈为奸”、“大色狼”……尽是恶毒负面的形容词。也是从这本书里，才了解狼对草原的重要性，以及它在游牧民族心中的尊贵地位。

作者姜戎，三十多年前，以北京知青的身份，到内蒙古边境的额仑草原插队落户十一年。在存留大量狼群的额仑牧场里，他与蒙古人一起生活、住蒙古包，成为牧养羊群的“羊倌”，甚至钻狼洞、掏狼崽，亲手养了一只小狼。在草原，他与狼战斗，与狼朝夕相处，透过狼，他观察草原人与草原狼的性格、精神，思索游牧民族与农耕民族的差异。再经过三十年抽丝剥茧的深入研究、探索，完成这部洋洋洒洒五十万字，让人读来荡气回肠的长篇小说。

温和的食草动物，是游牧民族食物和经济的主要来源，狼则是食草动物的最大天敌。每每一群狼一次的袭击，就是一场结局是尸横遍野、惊险惨烈的战争。虽然如此，蒙古人却不赞成将狼全部歼灭，因为狼同样是毁坏草原的四大害——老鼠、野兔、旱獭、黄羊——的天敌；唯有狼的捕食，才能抑制它们超速的繁殖，才能减轻草原的破坏。

草原人懂得草原上的矛盾与平衡。

蒙古人认为草原是“大命”，其他动物，包括狼和人都是“小命”，小命要靠大命才能活命，“大命没了，小命全都没命！”所以他们保护草原、心疼草原，因为它们太薄太虚，怕的东西太多：怕踩、怕啃、怕旱、怕山羊、怕马群、怕农民、怕开垦、怕人多、怕人太贪心、怕超载……

在蒙古人的观念里，腾格里（长生天）是父，草原是母，狼正是腾格里派来保护草原的。千百年来，草原牧民死后，和西藏人一样采用“天葬”，不同的是弃于荒野的尸体，是交由狼处理。他们相信狼将人的身体啃尽之后，会将人的灵魂带回腾格里。蒙古人畏狼，更敬狼，狼如图腾般神圣，他们也担心狼没了，他们的灵魂就上不了天！

作为精神图腾的狼，是草原的保护神，是承载灵魂升天的使者，更是军事教育家。作者从实地观察中，看到狼的聪明与超人的耐性。黄羊跑得比狼快，白天，狼躲在山后头，静静地看着黄羊埋首吃草，直到黄羊吃得撑到四条腿并不直才下手；也会在黄羊憋一夜尿，天白之际才冲下去猛追，黄羊无法边跑边撒尿，跑没多远就颠破尿袋，后腿抽筋，跑不动了。

作者也从狼群围剿羊群马群时，懂得勘测地形、气象、时机，懂得侦察、布阵、伏击、奇袭等高超战术，领教了草原狼卓越的智慧与组织性、纪律性。

于是，他灵光一亮，为什么成吉思汗及其子孙，仅用十几万骑兵就能横扫欧亚？为什么犬戎、匈奴、突厥、蒙古等一些文盲、半文盲的军事将领，能把华夏泱泱大国打得山河破碎，改朝换代？原来他们拥有这一大群伟大优秀的军事教官，让他们有着清楚实战的军事观摩，以及与精锐狼军队长期作战的经验；而善战的蒙古战马，亦是出自蒙古狼的训练呢。

“蒙古草原狼给了草原人最强悍的战斗性格、最卓越的战争智慧和最出色的战马。这三项军事优势，就是蒙古草原人震撼世界的秘密和原因。”作者兴奋地发现“狼子兵法”更胜于“孙子兵法”！

姜戎这位汉人，从狼的奥秘与价值，再进一步深思：长久以来，中国内忧外患不断，屡遭欺凌压榨，是否因农耕“文明羊”般胆小软弱的性格；而中华文明得以延续至今，即是靠着“狼性”游牧民族一次一次的“输血”；中国值转型改革之际，要振衰起弊，更须注入狼图腾积极、进取、强悍的精神……

随文游走在狼性、家畜性、人性之间，享受作者精炼的文字功力，在惊心动魄的情绪起伏的同时，我也不禁反复思索，从游牧走向农耕，走向工商，走向科技，烧荒、垦荒、滥砍、滥伐，草原变沙漠，绿地成瓦砾……人类改变自然生态，成了文明人，文明的定义为何？人性真的强过兽性吗？

《狼图腾》是一部大气磅礴、阳刚十足的叙事小说。狼的凶狠噬猎令人不忍睹，但是它们谨慎、聪明、勇敢、顽强、不屈不挠的精神，又让人敬佩。而狼群打食，不只自个儿吃饱，更照顾妻儿和群中老弱病残的情义，以及互助团结的齐心齐力，都是让人汗颜、感动的。

尤其，看到大狼王为了让家族有逃跑的机会，以自身为诱引，被猎人追逐、狂奔，跑到全身痉挛，跑到喘破肺泡，跑到灵魂出窍，仍会用最后一丝力气让自己蹲坐、不动，如石兽般尊严、神圣。

尤其，未睁眼即被豢养的小狼，天生拒绝服从，拒绝被牵锁、被囚禁，终于为了挣脱、冲断束缚，吐尽最后一口血。人狼情深，主人陈阵泪如雨下，抱住小狼，和小狼最后一次紧紧碰额头、鼻子；不忍小狼撑着剧烈颤抖的前腿，勉强挣扎端坐，陈阵拿着铁锹，在它倒下之前，朝小狼后脑砸下去，让它如真正的蒙古草原狼，硬挺至最后一刻……

那一刻，我热血冲上脑门，酸得两行泪水直淌。

狼啊，狼啊，你揪出了人类灵魂的原始、自由与尊贵。

14 一座书的天堂乐园

从小喜欢看书，书店里一排排、一叠叠琳琅满目的书籍，于我宛如“高山仰止”的巨人那般至尊至贵。于是心中立下志愿，“长大后要开一家书店”，可以看很多书。

和许多人一样，小时候的志愿改来改去，没准儿。

开书店，哪只是“可以看很多书”那么单纯！倒是学校毕业后，从事的工作确实都和“书”有关，不是教书，就是编书、写书。

在杂志社、出版社工作好长一段时间，一本书（甚至一套书）从规划、书写、编辑、印制、发行等流程都熟悉，与作家、画家、经销商、书店老板之接触亦不生涩。所以，我对书的认识应比一般人多些，而和书有着如此的“亲密关系”，自诩为“爱书人”是绝不腼腆的！

但是，和钟芳玲相比，真是自叹不如，只能用“差得远”三个字来形容。

八年前，钟芳玲出版了华文世界第一本报道西方书店的《书店风景》，风靡了不少爱书人。在书中恣意翱翔，练剑八载之后，一本满溢书之美、书之爱的《书天堂》，又以风华冠盖之姿呈现在我们眼前。

一般“有关书的书”，大都是介绍书本内容的“书评”、“书介”、“导读”，或如此书《半中岁月》，介绍好书，并将自己的读书心情心得和读者分享。《书天堂》不一样，它是一本有关书人（Book People）与书地（Book Places）的书。

书因人而有，因人而展现丰富多彩的内涵与风貌；书因地而有承载的空间，并让其生命得以扩展延续。书、人、地是三位一体，密不可分。于是，这位为书走天涯的爱书人，她造访了无数与书相关的人物、地方。

拜高科技之赐，我们看到了栩栩如生的古书珍本的原版面貌；在她介绍下，得以目睹贩卖数年至上百年老杂志、老照片、老海报的“杂志店”，以及那些越陈越美、熠熠生辉的印刷品；收到书之后，一般人为阅读方便随即丢弃的“书衣”，还关系其收藏价值呢，《魔戒3·王者再临》的一张原版书衣（不含书），标价550美元，难以相信吧！

对古董书商、收藏家而言，有时书的形体比书的内容更重要。中世纪羊皮卷、手抄本、古埃及的纸草书，已稀有难得；名家名著的第一版，或有作者本人签名、题赠、注释，等等，都会令此书身价百倍……

历史的堆陈，添增好书的价值。走进古书的嘉年华，面对珍贵古籍，钟芳玲这位超级书迷，不只爱不释手，她常形容自己深深迷恋、垂涎三尺、兴奋得发抖、厚颜索求……我想，与其说《书天堂》带给我的是知性喜悦及灵性感动，倒不如说，我更多的是怦然心动于作者对书本的悸动！

除了书籍收藏家关注的古董书展、古籍拍卖等话题，其他如著名的图书馆、电影中的书店风景、百年老店打造的各种书梯、与书脱离不了关系的书架，以及从看书、摸书的视觉、触觉享受，到一口一口将书吃进肚里的“书痴吃书”，一篇篇都是一座座花团锦簇，似迷宫又似花园的美丽天堂。

作者的书籍之爱有两种，她将内容比拟为“柏拉图式的精神之爱”，书的各种形体之欣赏则喻为“肉体之爱”。借由书本的内外诱惑力，她有了许多感人的邂逅。

“查灵歌斯路84号”，是一家已消逝的英国书店的地址，也是一本书的书名。一位美国女作家荷琳因越洋购书，与英国书商法兰克有着温馨互动。荷琳每次读完书就写信给法兰克，表达她对书籍的热爱及独特的见解。他们笔交十九年，这些往返书信构成了一本书。如此简单的情节，竟让此书成为畅销书，且被改编成电视剧、广播剧、舞台剧，还被拍成电影，着实不可思议！

钟芳玲依址寻访伦敦这已不存在的书店，也至纽约拜访已垂垂老矣的八十岁荷琳，并得到她在书上最后的题词。结识唯一来自中国台湾的读者，不到半年，荷琳即离开人世。

跨越了时间、空间、语言，这些爱书人在茫茫书海中，因书而交会交集所绽放的光华，就像夜空里一颗颗幽微、清亮又永恒的星星。

能想象“花园”即“书园”吗？大树下，篱笆旁，书架与书籍如一件件的装置艺术，装点一座九百坪的大庭院。还有，以书造镇，集合众多书商，吸引无数作家、艺术家进驻，而营建出的一个个弥漫人文素养的“书镇”，也让我“逛”得醉醺醺的。

获得二〇〇五年金鼎奖“最佳人文类图书奖”的《书天堂》，无论内容、编排、印制都相当精致。虽然是介绍西方世界的书、人、地，对大部分东方人来说，或许有些生疏，但是，在作者热切且一流的向导下（还体贴附上各个相关的网站、联络电话、地址），又配上四百余帧珍贵的图片，徜徉其中，真会让人有“香花抱满怀”的惊喜呢！

书中提到当代阿根廷有名的作家波赫士，由于家族遗传，视力一直不好，不到六十岁，眼睛就无法阅读，不过他并没因此而停顿读书、写书，还乐观地假装眼睛没瞎，依然不断地买书、添书。他说过一句话：“我总是想象天堂将如同图书馆一般。”

爱书如我，也因家族遗传，视力不佳，长期长时间使用眼睛的恶性循环，不免让我有失明的恐慌症。波赫士的乐观鼓舞了我，我想将来不论处于光明或黑暗，天堂里有书香围绕，我也能满足、快乐。

15 沙漠中的天籁

玛洛·摩根（Marlo Morgan）是致力于推展预防医学教育的美国医生，她受邀到澳洲住几年，参与相关的研究计划。其间，由于她帮助当地原住民找到人生目标、建立经济基础的善举，引起原住民的注意，邀她参加颁奖的午宴。

她精心打扮，穿着新买的粉红色套装，搭配丝质衬衫，蹬着高跟鞋，站在五星级的饭店门口等候。前来迎接她的是开着敞篷吉普车，身着短裤和脏兮兮T恤的三十来岁原住民。行驶在颠簸不平的泥巴路，进入燠热的红褐色沙漠，四个钟头之后，来到宴会现场：一栋铁皮搭盖的建筑物。她被要求聚会之前“净身”——脱下身上每一件东西：衣物、鞋子、丝袜、所有珠宝，以及钱包、摄影机、录音机，等等，换上一块包裹身子的破布，然后，跨过火堆，走过烟雾。

而这些随身的所有物品，也当着她的面，全都送进火中！

一无所有的玛洛·摩根，跟着一群原住民徒步穿越澳洲大陆的旷野，原来，四个月的旅程，便是她获赠的奖项。

翻开《旷野的声音》，我们跟着她走进辽阔、荒芜又干燥的沙漠世界，并倾听一个缓慢、安静的古老脉搏声。

平常在屏幕上、图片里所看到的沙漠，不论是烈日映照的银白，或夕阳烘托的金黄，都像一大块柔软而友善，能让人恣意躺卧的黏土。

大自然的美丽与严酷，有时真是“只可远观不可亵玩!”尤其如我“见光死”一族，在太阳底下不到十分钟，就脑昏眼花，头痛身疲，肯定无法像摩根一样，在华氏一百到一百三十度的高温下，日复一日地徒步，让全身的皮肤，从头到脚晒得红肿、热烫、脱皮，又能忍过满地的荆棘将两只脚扎得流血、化脓的刺痛。

还有，习惯干净、文明的生活，没水洗澡，没卫生纸处理身体的各种秽物，又该如何？这些原住民，以大地为床铺，以树下岩洞为屋宇，没有金钱、财产，不种植、不带口粮，随处栖息，也随处觅食。五万年来，他们一直维持如此的生活方式。

恶劣的地理环境，让他们练就出许多求生技能，如在微风中嗅一嗅，就能感觉水源何在；往地面瞧一瞧，就知道附近有什么动物出没；手在植物上面晃一晃，就知道土里马铃薯的球茎成熟了没……

他们从不撷取多余的食物，不会拔光一整圃的植物，不会猎捕一整群的动物。他们尊重每个来到眼前的生物，他们相信成熟的蔬果、老弱的牲畜，会心甘情愿把自己奉献给人类和其他动物；这是大自然同意的生存方式。

这种心存良善的生命态度，让大自然得以维持生态的平衡和美丽的面貌。作者说：“在这五万年中，他们没有破坏过森林，没有污染过水源，没有危害过任何物种，没有制造过垃圾，而他们世世代代享有丰富的食物，永远接受大自然的庇荫。在他们生活中，欢笑总是多于哭泣。他们活得长久、有用、健康，然后充满信心地离开这个世界。”我们呢？我们这些文明人，对地球、对自己的伤害有多少？

自称“真人部落”的原住民，称我们文明人为“变种人”。这个称谓不关肤色或种族，指的是一种心态，一种人生态度：已丧失或丢弃古老记忆和永恒真理的人。在他们眼中，我们这些“变种人”认识真理，但喜欢把真理藏在权宜、物质和恐惧中，也常把生命的分分秒秒花在肤浅、虚假、短暂、外表好看的事物上，却不屑于充实精神的生活，培养善美的性灵。

我们每天忙着过日子，忘了看顾自己的“心”！于是，眼见色，耳逐声，任六根追逐六尘，将自己的心搅得混乱污浊，也在人我之间筑上一道道难以穿越的冰墙。

摩根的心念，第一次被部落的人“接收”并给予回应时，她吓了一跳。后来，她发现大伙儿在行进间都保持静默，他们借着“心灵感应”互相传递讯息。无声的讯息，在周围的人群间窜流，也能像拍电报般，瞬间传递给二十英里之外的族人，多不可思议！

我想起禅宗的第一则公案“佛陀拈花，迦叶微笑”，无言中，“以心传心”地将“实相无相”的微妙法门延续下来。也想起达摩祖师来东土九年，西返天竺前，要门人各言修行所得，道副、尼总持、道育三人说出各自的见解（以后人来看，已属“上乘”的修行体悟），达摩依序评为得其皮、得其肉、得其骨，最后，慧可朝前礼拜，一语不发地归位伫立，达摩乃大赞得其髓。

无言的“心法”，只当事者灵犀相通，非旁人臆测可得。

“真人部落”说他们能够运用心电感应，主要是因为他们从不撒谎，从不捏造或歪曲事实。如此解释，耐人寻味！不撒谎，是因为没有什么需要掩饰、隐瞒；不用隐瞒，是因为心灵坦荡，可以光明正大地敞开来。每个人都有一颗透明开放的心，彼此清清楚楚地相互了解、接纳和信任。他们用心灵意识在说话，嗓子则是用来唱歌、庆祝，或为自己、为别人疗伤止痛。

《旷野的声音》提醒我们，有一种原始、自然、环保的生活态度，也传递了沙漠的天籁之声。或许当我们能彻底敞开心灵，不掩饰、不惧怕地将整颗心摊在众人面前，我们就能聆听到别人的心声，以及万籁中所有植物、动物的心声了。

16 璎珞严身

十月的天空暗得快，傍晚六点，走出屋外，已仿佛跌入黑纱罩一般。我抬头仰望，在一盏盏水黄路灯映衬中，夜空竟是轻泼一层墨便全黑，轻褪一层墨便透光的湛蓝。半圆的月亮，如一艘水晶船，娴雅地停在这安静美丽的深海上。

我想起陶渊明《归园田居》的诗，虽然不是“晨兴理荒秽，带月荷锄归”，也无夕露弄湿衣服，我却有着“衣霑不足惜，但使愿无违”的满足喜悦；是一种与佛相遇，心中有佛法的恬然自在。

在自觉有稀世法宝严身，令身心离垢之时，不禁浮上一本读来如饮清凉甘露的书——《宝藏璎珞》，此书由佛光文化出版，作者是任教于东吴大学中文系的林伯谦教授。一般佛教学者往往将佛学当成一门学问，致力钻研、考证和比较、评议；写佛教文学的作家，不是古经今诠，便是抒发个人修行体验。

如此书深入法海，且将佛学、儒学、玄学，甚至西方哲学、科学融入生活，巧妙结合，相互运用，则不多见。《宝藏璎珞》共有二十一篇文章，是林教授在《国文天地》“佛学的智慧”专栏的结集。

言佛学的智慧，自然不免佛教色彩与深奥佛理，不过全书嗅不出说教意味，在作者优美生动且谦和诙谐的笔触下，严肃的议题，令人思索；轻松的事例，令人莞尔，而不失学者本色；多方采风，旁征博引的考据，则如因陀罗网之密实交织，虽有些目眩，更惊叹于它的华美璀璨！

如在《扫帚的教诲》里，谈到周利槃特因佛陀教他扫地，持诵“扫尘除垢”，顿开愚暗心智，证得阿罗汉果。有人自我调侃：为何扫地无数遍，仍未开悟？有人疑惑：为何要等到槃特几乎无法立足于僧团，佛陀才教他这个扫地法门？

我们知道佛陀的观机逗教，不只观众生根机，也观适当时机。同为培育英才的林教授，在此引申出孟子的“教亦多术”，孔子的“因材施教”；而“扫尘除垢”的教诲时机，正是“啐啄同机”，与孔子说的“不愤不启，不悱不发”，有异曲同工之妙了。

再看到“三十年闻水声，不转意根，当证观音圆通”，心头一懔，是的，修行无速成，躐等不得。若我们能如槃特的专心一意，无杂念妄执，也终能“反闻闻自性，性成无上道”吧？

眼见耳闻不见得为实，世间相也难有绝对的是非，纵使是“大是大非”、“大善大恶”的表现、世相也一样。我们没有“宿命通”，其中隐含的因果业报是很难看得透的。浸淫佛法日久，明白“实相无相”的道理，许多事已不再多费心思量。不去分别，不加评断，只看着因缘来去，随缘尽份，做当下该做的事。因此，读到作者认为惠能言“心平何劳持戒？行直何用修禅？”并非其不重律仪，而是针对“持戒者心不平，修禅者行不直”而发，便觉格外亲切。当我们也能如惠能大师自见本性清净、不生灭、不动摇、能生万法时，一切戒条已无作用，而任心自在不逾矩了！

《远离颠倒梦想》一文亦让人感慨系之。不停变异的世界里，我们要跟着调适、起舞或抱残守缺？《杂譬喻经》里“举国饮狂泉”的故事，令人反省现代社会又喝了什么“狂泉”，才出现各种荒诞的价值观念和匪夷所思的现象？文中举异地有妇人生产，丈夫坐月子的“产翁”，我们视为颠倒，但谁又正常了？我们不也像《楞严经》中“迷头认影”的演若达多，因眼睛看不见头上的五官而迷妄狂奔吗？“歇即菩提”，何时才能远离颠倒梦想，歇下狂性？

佛教典籍浩瀚无际，许多佛经本身就是优美的文学作品，经文的体裁、文字、内涵，对后世的文学、艺术创作，都有巨大的影响，从书中也可以看到不少例子。

林教授悠游于法海中，常觉称心快意，他说：“佛经确实很有趣，可以当文学读，可以当史料看，可以当哲学来思考。”所以，我们读着他的书，很容易就碰撞上内在善美的灵魂，迸出精彩、惊喜的火花。

身为正信的佛教徒，作者在行文间也不时“引导”正知正见。如有人说“宗教只要稍稍的信，别太迷。”他认为“迷”是到家消息，《四十二章经》言：“学佛道者，佛所言说，皆应信顺。”唯其愈“迷”才能愈“信”，“浅尝即止的信仰，终究难以生发道心，顶多是徘徊门外，无法窥见堂奥之妙！”

对于“素食”问题，以及“酒肉穿肠过，佛在心中坐”、“吃素能成佛，牛马上西天”等言论，他详细驳正厘析之后，自我总结：“我仍以持守素食，不耗竭地球资源而感到光荣；我仍以做了尊重生命的选择，减轻杀业而感到光荣。”

虽然林教授评自己的文章“散文不像散文，论文不像论文”，不过我觉得正因他有着认真扎实的学问工夫，加上对文字的驾驭自如，才使得《宝藏璎珞》兼具散文欣赏与学术研究的价值。

林教授在佛法大园林里，采撷珍宝，编成串串璎珞，供养有缘人。相信阅读者以直心深心承接，以宝藏璎珞严身，也会为自己开辟一座清净的菩萨园林。

17 拒绝让心变丑

一位念生命科学的亲人，写了一篇文章叫《没有美感的台湾科学界》。他对科学怀抱热情，认真地投入、学习、研究，并从科学中发现美感，得到感动。但是，随着自己的学历愈窜愈高，那种美感离他愈来愈远。

因为他发觉周围“精英”们的眼光和胸襟，“已被太多看似光鲜亮丽的外物和杂质所蒙蔽”，没有真诚，没有人情味。“这个可怕的现象，像一种瘟疫，一种摆脱不掉的宿命，一代传一代，老师教给学生，下位继承上位。这宿命更可怕的地方是，它建构在权势和钱势之上。”

多可怕的宿命！这位优秀的知识分子——恐怕他不会喜欢我如此形容他——好吧，有良知的知识分子，笃定认为美感和艺术感和道德感，是有着密不可分的奇妙关联，因此，才会对学术界绝望地叹道：“在台湾，除了政客和奸商，我看很少有比学界人物来得更会用心机要手段，更厚颜无耻了！”

岂止政客、奸商，岂止学术界，有哪个以“界”为名的领域，是纯白无瑕的？教育界、文学界、企业界、艺术界、出版界、新闻界、司法界……甚至，灵修的宗教界，哪里不在上演着人间悲、喜、美、丑交织的戏剧？

每个人来到世间，都须经历老病死，于是进出医院、看医生，便是不可避免的经验。白色的医界里，白色医袍的医生、白色制服的护士，像殿堂里圣洁的白衣观音，以救苦救难之姿，解除众生的病苦。大部分的患者，在痛苦焦虑中，不是都虔诚恭敬又卑微乞怜地紧紧抓住那希望的白色衣角吗？

很少有一部书能畅销四十年，而且，五度改拍的电视剧，每次均有创纪录的高收视。日本山崎丰子的《白色巨塔》从一九六三年出版，到现在依然崭新、狂热！

财前五郎，一位医术精湛、手腕敏锐、野心勃勃的外科医生；里见修二，一位热血正义、坚持理想、认真面对病人、学者型的内科医生。本书以这两位价值观、生命态度截然不同的医师为中心人物，作为对照，呈现大学医学院内部充满矛盾、尔虞我诈的人际关系，并大胆揭露医学界教授升等、选举贿赂、医疗疏失等议题。

凝视封面的文案："冲击性的医疗实态，赤裸复杂的医界斗争，不对等的医病关系，诡谲纠葛的善恶对决；在这一座神圣不可侵犯的高塔内，因着人性与神性、道德与贪欲的永恒角力，上演着一幕又一幕波澜壮阔的人间悲喜剧！"

这出戏剧，不只在白色巨塔里，我们身边，日日上演，你我不也都是其中的演员？

"权力使人腐化，绝对的权力使人绝对地腐化。"虽然如此，权力滋味之甘美，似有不可抗拒的致命吸引力，而且"有钱不一定有权，有权却一定会有钱"。所以，不管哪个职场、哪种领域，只要和"权"（不论大小）有关的位置，就会有人争相追逐，如蚊聚膻，如蝇竞血一般。冷眼视之，尽是污秽丑陋之姿态。

古来多少“学而优则仕”的文人，怀抱爱国济世的热情和理想，踏入宦途，却因孤风亮节，无法在一摊烂泥中打滚，一个个铩羽而归，过着“身世两忘，万念皆寂”的退隐生活。

现代人要施展抱负的“路”，比以前宽阔且多样，“此处不留人，自有留人处”，怎知天下乌鸦一般黑，地上烂泥一样臭。但是，能有勇气不为五斗米折腰，毅然潇洒挂冠求去的终究是少数，大部分的人，为了生存，为了养家糊口的责任，还是得在五味杂陈的浊世里苟延残喘！

说得有点悲观，不过想一想，能苟延残喘亦不赖，因为娑婆世界仍“堪忍”呀！

只是不免好奇，为什么对于权势、财富、名位等，有人趋之若鹜，有人弃若敝屣？当然，钟鼎山林，各有天性。从唯识学的观点来看，同样的情境，有的人“心所有法”中的贪嗔、谄曲、嫉妒、无惭无愧等“烦恼心所”会油然生起，驱使他攀权附贵，角逐名利。有的人显现的则是惭愧、无贪、轻安、行舍的“善位心所”，让他依然维持清高的品德。（这种人却常被喻为“水清难养鱼”、“一肚子的不合时宜”。颠倒否？）

厉成是明朝时善于剪裁官服的裁缝师，他剪裁官服，不只看对方体形的高矮胖瘦，更重要的是看他任职的年数。他说：“刚上任的官员，自觉不可一世，姿势上仰，衣服要前长后短；任职稍久，意气渐平，衣服前后长短可以相等；任职久了，如果官位升不上去，就谦虚地逢人弯腰笑揖，这时衣服就要前短后长。”

可谓观察得入木三分！一位年轻裁缝师却道："时代不同了，许多人平时作威作福，遇到上级，一副卑躬屈膝的样子，转个身对下级，就摆出傲慢自大的态度。一天之中，忽而前短后长，忽而前长后短，官服要如何裁剪呢？"

具有随机变脸，"神仙、老虎、狗"之性格的人，又岂止限于官场！

《白色巨塔》里，由校长、院长、教授、副教授、主治医师、实习医师、医师太太、护士、小职员等卖力演出的人间剧场，和其他场景演出的没两样，都是一部部"官场现形记"。

每个人的人生观不一样，人性中，是非善恶的牵扯交叠，其实也蛮复杂的，没有绝对的标准。财前五郎为出人头地而陷入权力丑陋的倾轧中，让人悲叹惋惜；里见修二安分努力，与人无争，却也在权力斗争中被愚弄，让人尊敬怜惜。

如我这位亲人所言，美感与道德密不可分。心头放太多欲求，会让心变丑，那么，"人到无求品自高"，无欲无求才无烦恼，品格也才能高尚美丽吧。

18一个角落

这些年来，越来越多的都市人奔往花东地区，或海边、或山间。有的人建了房子，每半个月、一个月，就过去住几天；有的人干脆就在那里落脚。是美丽、浪漫又善变的海水吸引他们？还是无垠、澄澈又干净的天空摄住他们？或是自我流放？或是为觅一方能独处、能安顿身心的角落？

年轻时，每次参加活动、聚会，或看电影、去旅游，开始，总是有满满的兴奋，像飞出笼子的小鸟，一颗心雀跃地吱喳不停。越接近尾声，心情便一路滑下去，等到一切结束，曲终人散，繁华落尽，回到平常生活的原点，情绪常低落得让我想大哭一场！

后来，我发觉high到最高点的，是尚未来临的“期待”时刻，顶多，加上刚接触、刚投入的一刹那。因为害怕面对散席的落寞、孤独，我宁愿选择没有涟漪的平静生活。

年纪渐长，情绪起伏不再那么明显。虽然还不到“动静一如”，凡事皆能“平常心”视之的境界，至少能享受动荡、热闹的气氛，也能安然地悠游于单调平凡的日子。

这天，一种黑天默地的孤寂、无助，突然紧紧箍住我的心。像游魂一般荡回住所，坐上书架前的小椅子，托腮沉思，眼睛无意识地在一排排书阵中移动，然后停在两本书上，并排的书背，大大的两行字：

"孤独世纪末"、"孤独的滋味"，映照出此时的心情！

《孤独世纪末》是一本心理治疗的书，治疗孤独。我从阅读中，检查一颗陌生的心，治疗一颗孤独的心。

作者魏兰·波斯顿（Joanne Wieland – Burston）一开始就点出"孤独"是人类之必然，因为我们天生的禀赋，是和别人建立"依恋"的关系。小时候，依恋父母；长大后，依恋朋友、伴侣、孩子。这种依恋关系还包含对动物、植物及工作、事情、嗜好、物品、场所，等等。当我们每次被迫或自然地与这些关系分离、切割时，就会觉得孤单、寂寞。

我们不可能没有任何关系，凭空地生活于世，又不能免于"缘聚缘散"的宿命，也就注定承受孤独之苦！

书中举了奥里亚纳·法拉齐的《孤独一人》一书中的故事为例。一位被囚禁的政治犯，在漫长无期限又孤寂的幽囚时光里，有一天，看见一只小蟑螂出现在牢房，他的心智、情绪因此产生巨变。这只在任何地方皆被视为一无是处的"害虫"，从此成了他谈话的对象，一个可以告解、推心置腹的知交，让他"可以在一间九步乘七步见方的囚室里，活得下去"。

当警卫走进牢房，一脚踩死"达利"蟑螂时，他顿时血脉贲张，冲上去猛打这位犯下谋杀大罪的凶手……孤独之苦，由于和蟑螂建立关系而解除；蟑螂的死，又切断唯一的关系，让他跌入更深的孤绝里。

大部分的人，都没像这位被隔离的囚犯那么悲惨；我们和世界多少相关联着，和周围的人事物仍有互通的关系。

同样的孤独，有人以孤独为乐，有人以孤独为苦；有人独处但不孤独，有人置身喧哗人群，却有"冠盖满京华，斯人独憔悴"的强烈孤独。是以孤独的感觉，也不是那么全然一成不变，不一定是孤单的情境所造成的。

种种依恋关系的分离，属于“被迫性的孤独”，必定是痛苦的；另一种选择性、自愿的孤独，则是必要的。书中举了佛陀、圣安东尼、耶稣等圣者之例，他们为了降伏烦恼，超越自我，即选择离群索居，从孤独、沉潜、内观中，达到超凡入圣的境地。

艺术家何怀硕在《孤独的滋味》里，形容独处的美妙，“在于思想可以如野马驰骋，古今与空间全没界限”，也认为孤独才能沉思，才可能“醒着做梦”。有关学问、知识的追求，或一切精神、思想的探索，都要有能克服孤独的能耐；孤独是酝酿创作所凭借的心境。

魏兰说：“孤独的种类里，最糟糕的，就是和我们的内在自我之间，因疏离而产生孤独。”看来，每个人都须有能让自己“安身立命”的一个角落。心里有着这么一个角落，时时“与心对话”，免于自我疏离之苦；心里有着这么一个角落，在人群中可以不惑，不惑于众声喧哗，不惑于人我是非，独处时，也能不为孤单、恐慌而惑而畏。

一个角落，可以是书本、音乐、绘画；可以是灵修、极乐净土；可以是佛祖、菩萨。

真正的悟者，是“不做佛求，不做法求，不做僧求”；是高高山顶，自己独立；深深海底，一人独行。但是，如我们一般凡夫，如懦弱、愚钝之我，仍庆喜，即使什么都没了，心中的角落里，至少有佛可依靠；有佛，暗夜不孤独。

19 滚滚长江看人事

香港一位读者寄来一本简体字版的《水煮三国》，并附一封信推荐此书，希望我能在“以书会友”的专栏介绍它。欣喜此专栏获得回响，也感谢她的赠书。

不过，已搁了好一段时间，坦白说，原本对它兴趣不高，一来早就看过《三国演义》，再者封面小标写着：“以三国故事为底料，麻辣风味的快意管理学。”而我的阅读向来随性又任性固执，有些书，除非工作上需要涉猎了解，否则，我是极少主动去碰触的，管理学方面的书，恰是其中一种。

不是排斥“管理”，人生哪离得开管理？身体管理、情绪管理、生活管理，各行各业为经营运作有财务、人事等各种管理。本人外表看来中规中矩，骨子里却不喜受拘束，常常只做自己爱做的事，那些管理技巧、方法的框架，无法锁住蹦跳的灵魂。而且，头脑简单，那么多的管理理论，准会让我的脑神经一条一条纠缠到变成打不开的死结！

打从心底认为，“真诚、厚道”，即是人际相处自他两利的不二法门。回顾过去当主管的日子，一路走来，我对部属唯二的要求是效率和品质，其他，在不违公司体制之下，随我之性营造出来的，便是一种和谐、温暖、积极又无为而治的办公气氛。

近日，正是因为工作需要，看了一些管理相关的书籍，也仔细阅读了这本《水煮三国》，果真是幽默有趣的另类管理学！

首先登场的是出身贫寒的刘备，他的母亲以“沦落鸡窝的鹰”作譬喻，砥砺他。明白自己流着皇族的血脉，刘备奋发苦读，终于考上“长江国际工商管理大学”，关羽、张飞、公孙瓒、蔡文姬、吕布、貂蝉……都是同班同学，卢植则是他们经学的老师。

毕业后，走出校门，进入社会，展开复杂的职场生涯。曹操一开始就资本雄厚，是“东汉国有资产经营总公司”的CEO，素有权谋，擅长营运，将公司跻身全国十强企业之列，还成为全国首富。刘备等一班人都是他的员工，后来，刘备跳槽，先后在袁绍、陶谦、吕布、刘表手下工作，直到著名管理学家诸葛亮出来协助他，提供高明计策，才逐渐壮大。

魏、蜀、吴三国，在书中化成家电市场三家鼎立的公司，主打的产品分别是曹操的“英雄牌系列”，刘备的“皇族写真系列”，孙权的“小霸王系列”。不同的经理人发展出不同的经营管理，自亦不免商海中搏击、并吞、扩大、消长等现象。

从一些逗趣活泼的事例里，融三国智慧与管理精义于一体，寓至理于谈笑之中。如待人宽和的刘备，为赏识他的老板陶谦提供“木桶理论”：一只木桶能装多少水，取决于最短的木板长度，而非最长的那片，甚至更取决于木板与木板之间的结合是否紧密；箍水桶的学问，就是现代企业重视的团队精神。稳重踏实的刘备，接着为陶谦拟出创建高绩效团队的五大要诀。

一般人在听讲时，喜欢往后排坐，诸葛亮在人才培训课程上，要大家往前排坐，并由座位心态之分析，推演到市场地位的排名。关羽、张飞不服气，于是诸葛亮说了“蚂蚁绊倒大象”的故事，教授“攻心为上”，得民心得天下，得顾客心得市场的管理政策。

除了诸多工作管理，也穿插办公室不可避免的两性问题。董卓、吕布败在美女手里，曹丕、曹植为美女而骨肉相残，刘备表现出对职场美女的忌讳和痛恨；这种“红颜祸水论”自然引来周围男人、女人的群起攻击。

无独有偶，诸葛亮是“身长八尺，容貌甚伟”的美男子，而且品德、才智、学问皆一流，是当时许多名媛暗恋的对象。但是，他却跌破大家眼镜，娶了头发枯黄、满脸黑斑的“阿丑”，还发表《丑女孩是一杯茶》的散文，赞美丑女孩如茶般清馨、淡泊、宁静。事实证明，名士黄承彦的这个女儿虽然长得丑，却是德智兼备，能谈心、能提供点子的贤内助。

顽皮的作者，也喜欢玩“时空交叠”的游戏，让人读着读着，常常有古今相撞，愕然又会心的莞尔。有次刘备到“东吴国际商业学院”演讲，谈他事业成功的秘诀。众多学生中，周瑜最是刁钻、执拗，屡屡唱反调。言及团队的重要，刘备怀想“桃园三结义”的情义，周瑜追问为什么没继续扩大为“桃园四兄弟”、“桃园五兄弟”……刘备赞成，在不断有新兄弟加入时，他也考虑更名为“桃园系列兄弟”，不过，得请罗贯中修改《三国演义》了。哈，周瑜一听，急着说：“在书中，我可是火烧赤壁的统帅，怎么可以说改就改呢？”

还有，刘备传授职场上须有谦虚谨慎、勇于认错的厚脸皮哲学，周瑜又嘲弄又认同，刘备有风度地竖起大拇指，说：“孺子可教也！假如在《三国演义》中，你也能有这种悟性，就不会被诸葛亮‘三气周公瑾’，弄到吐血而死的下场。”

在《水煮三国》里，我们看到一千七百多年前这些耳熟能详的三国人物，跳到现代社会，和我们同处现代职场，还颇新鲜呢！

有道是“内行人看门道，外行人看热闹”，对商场、管理外行的我，果真看到了蕴含立身处世哲理又热闹有趣的一部戏，如作者成君忆所言，这部独特的三国，“借古讽今，既可做枕侧兵法，幕后镜鉴，助君纵横驰骋；又可做茶余谈资，饭后小品，博君开怀一笑”。

滚滚长江东逝水，它看尽了人与事，想来当觉不过尔尔吧？

20 与动物亲密对话

每到冬天，走在街上，会看到一些小狗穿着厚厚的衣服。像女士们的服装，在式样、质地、花色上争奇斗艳似的，“狗装”的花样也一年赛过一年。人类身上没毛，要穿皮草、穿衣服御寒，动物长在身上的毛却不能为自己抗寒？

更有甚者，主人以其喜好，在小狗身上作种种“造型设计”：染毛、局部剃毛、绑辫子、扎蝴蝶结、擦指甲油……看到动物身上“类人”的装扮，我的目光总不忍驻留；感觉上，那双眸仿佛透着羞赧、猥琐与无奈。

所谓的“宠物”，是用人类模式来宠爱的物品，如此的“爱”，可是动物所要的？

劳伦兹（Konrad Lorenz）是一九七三年诺贝尔生理医学奖的得主，也是研究动物行为的先驱。他的《所罗门王的指环》，是我接触过有关“科学人文”书籍里极喜爱的一本，看了两三遍，每次都让我爱不释手，舒畅开怀！

所罗门王借着一枚魔戒，能和所有动物交谈；劳伦兹不必依靠魔戒，他用真诚温柔的爱心，与细心、用心的观察研究，也能和动物沟通。

爱到极致，便是纵容。劳伦兹认为动物应享有自由生活的权利，也唯有在完全自由的环境里，动物才能充分展现出本自具足的机灵、智慧和能力。于是，养在花园的雁鹅，常会跑到他的卧房过夜；善歌的鸟儿，吃饱了浆果，会把家具、窗帘都染上小小的蓝点子；好奇的戴帽猴，趁他不在家，将沉重的铜制台灯丢入大鱼缸里，还打开书柜，拿走两册药典的书，一页页撕下来，塞进鱼池……

在这座动物乐园里，劳伦兹的父亲曾将二十四只雁鹅请到书房一起喝下午茶，使得漂亮的波斯地毯，留下十一年来仍去不掉的斑斑粪迹；孩子还小时，为了怕大而危险的动物伤到孩子，他的太太临时做了个大笼子，然后把——孩子关了进去！

爱到极致，便无怨尤。为了当刚孵出的小鸭子的母亲，作者辛苦地蹲在地上，在它们前面不停地嘎嘎叫着、爬着、走着，被一群盛怒的穴乌当成“掳婴凶手”，啄得手臂鲜血淋漓……

纵容而无怨无悔的对待，也是一种高贵、甜蜜的爱吧。以前养猫，常在帮它洗澡时，被它因恐惧而伸出的爪子抓伤，事后，我会故意生气地指着手上丝丝红红的伤痕说：“你看！”它看着我的手，露出闯祸的闪烁不安眼神；是呀，我是它所爱的人，怎地把我抓伤了？明白它的“心意”，真的是无怨尤呢！

动物对饲养人的爱，是那么直接、那么不可轻忽。有只穴乌明白主人的嘴是食物的入口处，于是它常用喂食妻儿的方式，执意将佳肴美食——穴乌唾液和咬碎的小虫混成的烂糊——塞到劳伦兹嘴里，如果他拒绝，不肯张嘴，这一堆温热的虫浆，就会被塞入耳朵里。

喜欢社会生活的动物会相互“理容”，作者驯养的渡鸦也会在他半闭着眼睛时，用嘴轻轻地、小心地咬住他的眼睫毛，一根一根细致地清理一遍。（谁有这个胆量，把眼睛送到乌鸦的尖嘴下？）

作者对动物的照顾、关爱，不只得到它们的真心回报，更让他获得丰硕的观察研究成果。劳伦兹发现鱼也会思考，鱼父母赶孩子回家睡觉的方式是将它们含进嘴里，到了洞窠再吐出来，经过这种奇妙的反射作用，吐出的小鱼其气囊会自动紧缩，鱼身变得比水重，能像小石子一样沉到洞底。

有一次，一条宝石鱼爸爸在赶完孩子回家之后，偷空吞下半截蚯蚓，正在咀嚼时，发现尚有一条幼鱼还在外面溜达，它赶紧靠过去，一口把孩子吞进塞满食物的嘴里。此时，鱼爸爸嘴里有两样东西：一样要进胃，一样要进窠，怎么办？劳伦兹看到鱼爸爸像人一样，先停下一切行动，绞尽脑汁思考了几秒钟，想到一个办法：把嘴里的东西全部吐出来，“变重”的孩子和蚯蚓一起沉到水底，鱼爸爸眼睛一边监视躺着的孩子，一边不慌不忙地把剩余的食物吃完，然后再把孩子吸进嘴巴，带回家交给鱼妈妈。

还有，他家那只顽皮的鹦鹉，趁着他父亲在阳台睡午觉时，将他身上的扣子一颗一颗咬下来，而且还整整齐齐排在地上；袖子的扣子一堆，背心的扣子一堆，裤子的扣子一堆，丝毫没错！够聪明吧！难怪劳伦兹说：“就高等动物而言，它们喜欢恶作剧的程度和调皮捣蛋的能力，是和智力成正比的。”

《所罗门王的指环》里，有许多令人捧腹大笑或叹为观止的动物行为，除了各种趣谈，我们也看到动物之间绝对不逊于人的道德与伦理。

在人类的认知里，我们往往将动物分类为善良的动物、邪恶的动物、害虫、益虫，如此“评价”的标准是什么？很早以前，看过夏元瑜的《以蟑螂为师》，最近又有位教授专门饲养蟑螂、研究蟑螂，并为它们伸冤请命。虽然我也怕蟑螂，但是看过这些动物书籍，也不禁要恭谨地说：“我不敢轻于汝等！”

家里曾养过一只狼狗，叫“阿米咖”，它毛色金黄，体态俊美，是一只血统纯正的狼狗。只是它关在小小的院子里，不到一岁就因缺乏足够的运动，得了“软脚症”。后来送给住在乡下的朋友，才得以让它任意驰骋。不久又养了一只黑色小土狗，却因受不了它的粪便臭味，又送人了。

与动物相关的书总能吸引我，也先后养过不少动物，不过越来越觉得自己对动物（也包含人吧）的爱，仍是自我自私的狭隘之爱；要对方配合自己的要求，当然自私！除非克服自己的洁癖，否则，置身动物群中的快乐天堂，只在我心底，只在想象里。

21 美丽的哀愁

同样的世间，有人注重物质的享受，有人寻求精神的满足，当然，并非一分为二。西方心理学家马斯洛将人的需求分为五个层次，从生理、安全、社会、尊重到自我实现，也是一般、概略性的次第，所以，“爱情与面包，孰重?”才会成为千古以来一直“难解”、“无解”的问题。

在中国古典名著中，《浮生六记》和《红楼梦》被并列为中国传统爱情文学的两大著作。后者无疑是大卡司的巨著，其人物之繁多密集，人际之复杂纠葛，场景之华丽贵气，剧情之起伏跌宕，在在都胜过才六万字的《浮生六记》。而且，《浮生六记》的作者沈三白又是个默默无闻、名不见经传的人，其作品如何竟能和中国大名著齐名?

我想是因为此书乃自叙写实之作，更贴近我们的生活。作者情真、意真，笔也真，不矫揉造作，以文学手法，疏密相间，自然地描绘其一生经历。而一对平凡淡雅的夫妻，他们对美好事物的追求，于精神性灵的契合，更牵动不少有情生命的心弦。

林语堂在序文里，形容他们夫妇简朴的生活中，“看他们追求美丽，看他们穷困潦倒，遭不如意事的磨折，受奸佞小人的欺负，同时一意求享浮生半日闲的清福……只是欣爱宇宙间的良辰美景，山林泉石，同几位知心友人过他们恬淡自适的生活——蹭蹬不遂，而仍不改其乐”。

对于沈三白妻子芸娘，林语堂赞赏地认为“她是中国文学及中国历史上最可爱的女人”，她的可爱在于她的温柔淑顺，灵心巧慧，善解人意，更在于她率真爱美的行径。

最有名的是她的“女扮男装”。按当时礼俗，年轻女子不能轻易抛头露面，为了满足她观看神诞日“花照”的欲望，三白提议“冠我冠，衣我衣”，他兴奋地帮忙把妻子打扮成男生，芸娘乐不可支，“揽镜自照，狂笑不已”。两人在庙里游玩，没被识破，后来芸娘看到认识的妇人，自然地靠过去打招呼，又不自觉伸手碰碰妇人，被旁边的人指责轻狂，才赶紧“脱帽翘足”说：“我亦女子耳！”

女人被禁足的时代，敢于突破礼教，冒险尝新的天真与前卫，不是很可爱吗？

还有，芸娘迷上一位漂亮的歌伎，竟怂恿丈夫娶来当妾，后来被强者夺走，而郁郁不乐至生起大病。有哪位女子有如此的度量和痴情？

芸娘不只擅长于女工刺绣，烹饪一流，更能与丈夫读书论古，品月评花，在当时可算是秀外慧中的才女了。所以，他们夫妻之间也有不少让人莞尔解颐的拌嘴谐趣。

三白说李太白是他的知己，白乐天是启蒙师，自己的字为三白，芸娘嫁给他，跟“白”字何其有缘，芸娘笑说：“与白字有缘，将来恐白字（别字）连篇！”

芸娘喜食臭乳腐、虾卤瓜，三白偏厌恶此二物，于是嘲笑她：“狗无胃而食粪，以其不知臭秽，卿其狗耶？”芸娘也不生气，以“君喜食蒜，妾亦强啖之”，邀他试吃，三白仍拒绝：“卿陷我作狗耶？”芸娘回说：“妾做狗久矣，君试尝之。”便挟起虾卤瓜强塞入三白口中。

如此的闺房情趣，有多少夫妻能致之？

芸娘的蕙质兰心，让我联想起金庸武侠小说里的黄蓉，作为东邪黄药师的女儿，恃宠而骄，刁钻古怪，也不难理解。不过，她们两人同样的聪慧，同样有着知她惜她，全心相爱的丈夫，这可是许多女子梦寐以求的际遇呢。

只是，现实生活自然和小说有差距。三白夫妇因多情重诺，爽直不羁，又生性良善，不擅营生，日子过得左支又绌，东补西移的，甚至有时还得典当抵押，来换取微银。加上芸娘知书识字，替婆婆写信给在外面想娶妾的公公，引来一些冲突，以及她扮男装、迷歌伎等“不道德”的行为，而被逐出家门，最后病死异乡。三白蒙朋友支助，才得以将她入殓埋葬。

想到闺中良友不再，三白哀痛欲绝，不禁奉劝世间夫妻：“固不可彼此相仇，亦不可过于情笃。”有谓“情深不寿”，恩爱夫妻果真难到白头？

读《闺房记乐》、《闲情记趣》，看到两情相知相惜、始终不渝，又芳香自然、超尘脱俗的至性真情，让人欣喜人间有此神仙眷属。读到《坎坷记愁》里，芸娘忍气吞声犹失欢于翁姑；被诬谤、被索债；抱病离家，竟成母子永诀……种种悲惨情事，一波一波压顶袭来。

虽知悲欢离合是人间实相，穷通祸福也是个人业力使然，但是，看到他们与世无争，淡泊驯良，却坎坷度日的景况，仍让人叹息扼腕。芸娘所求，唯“买绕屋菜园十亩，课仆妪种植瓜蔬，以供薪水。君画我绣，以为诗酒之需。布衣菜饭，可乐终身”。如此微小的祈求，竟也不可得！

“浮生若梦，为欢几何?”美景易逝，美物易碎，追求美的心灵就更容易受伤！“为月忧云，为书忧蠹，为花忧风雨，为才子佳人忧薄命，真是菩萨心肠。”艺术家、才子佳人，都不免陷入美丽的哀愁里；有着菩萨心怀的人，在悲悯世间，忧怜有情时，可也糅和着些许的美丽哀愁?

22 勇气

好友莉莉在书的扉页上写了几行字：进入中年的我们，生活的原则变得越来越简单，“勇气”却仍是我们需要的，面对挫折或在必要时说再见，都需要勇气！

感谢她的分享，让我检视生命中本自具有，却往往忽略的一个重要因子。

美国作家伯纳·韦伯（Bernard Waber）的这本图画书《勇气》，一出版即在美国、日本掀起畅销风潮及热烈回响。一则则简单的文字，一幅幅俏皮、清新又传神的图画，带出了丰富的意涵。好像摇着“时光机”的手把，摇一圈，就跑出一张吉光片羽；那是一段回忆、一个故事、一番思索、一些心底的声音……

高难度、危险、刺激的运动或技能，当然需要勇气，连脚踏车都不会骑的我，从来不敢巴望会有这样的勇气。

“勇气，是有两支棒棒糖，却能留下一支，等明天再吃。”小孩子贪嘴，不知节制，能忍着，不将好吃的东西吃光，可需要勇气呢！必须减肥，或身体有病得忌口的大人，美食当前，食指大动之时，唉，忍得下，可须鼓足多少勇气呀！

“勇气，是夜晚屋里传来怪声，你认为自己应该去察看一下。”小时候爱听鬼故事，爱看恐怖电影。上吊的女鬼，在寒冷的冬夜，会跑出来，跟卖“面茶”的摊贩，买一碗热乎乎的香浓面茶；僵尸双手平直，两腿一跳一跳，在大街小巷找寻陷害他的仇人……鬼在夜里出现，恐怖的事在黑暗中进行，于是半夜尿急都还憋着；听到风吹草动，只会躲在被窝里哆嗦吧！

“勇气，是跟朋友争吵之后，先握手言和。”大部分人都好面子，即使自己理亏，也往往“死鸭子嘴硬”。布袋和尚说：“手把青秧插满田，低头便见水中天。六根清净方为道，退步原来是向前。”低头认错，退一步，不计较，就此雨过天晴，多美的勇气！

“勇气，是听到大八卦，却答应要守口如瓶。”是非，在嘴巴和耳朵之间窜流。当下答应不说，固然是勇气，往后呢？嘿、嘿，怎样的瓶盖才打不开呢？干脆把瓶子敲得粉碎，更为究竟！

“勇气，是努力让自己小气、嫉妒的一面，不表现出来。”夫妻、情人、兄弟、好朋友，有着亲密关系的人，彼此因占有或扞格而产生的种种微妙情愫，是被认为天经地义的。其他，同事、朋友之间，小气的心量，嫉妒的心思，还表现出来，未免太逊了吧！

“勇气，是从雪地冒出的一株青草。”一枝草，一点露，天无绝人之路。看看它，想想自己，加油哦！

“勇气，是坚持自己的梦想。”对我而言，有些困难。虎头蛇尾、半途而废、三分钟热度、三心二意……缺乏恒心、毅力的形容词，好像都可以用在我身上，所以，至今一事无成。

“勇气，是在必要时说再见。”不论生离或死别，要说再见，何其艰难！

就这样，《勇气》这本书以简单的语意和图像，衍生出生命的无尽广度。

我想着：人生还需要哪些勇气？

承认自己的不足，需要勇气。无论是面貌、身材、才智、个性，一般人对这个组合成“我”的躯体，总是爱护有加，照顾有加，尽是朝凸显优点，掩饰缺点处着眼。没有人十全十美，坦然接受有缺憾、不完美的、本来的自己，必要时还能轻松地自我解嘲，生活就会快乐些了。

能“与人为善”是值得赞赏的良好品德，但是，有目的、刻意的和善，则失之矫揉。而没有原则，是非不分，一味讨好别人，有时也顶让自己或别人头痛的。所以，敢于不当“滥好人”，不怕得罪人，确实需要有勇气。

有一天，经过麻竹园文物流通处旁平常卖饼干、饮料的小店，见它门口多了几堆番石榴、橘子、莲雾、香蕉，亮丽的红橙黄绿色彩，及新鲜饱满的果实，让我眼睛一亮，目不转睛地瞧着，走离几步，还斜着头盯着，就像看路旁美丽的小花。

旁边的师兄知道我平常爱吃水果，他轻声说：“不要再看了！”我不理他，继续看，“人家会说你这个法师贪吃！”我不但没生气，竟然还开心得很！

后来，回顾当时的心情反应，一是原来这样的动作叫“贪吃”，好玩耶！二是长那么大了，还被认为“贪吃”，岂不有趣！

于是，我发现不会“恼羞成怒”，懂得转弯，或在不妨碍别人的前提下，不理会别人怎么想，也是一种勇气。

译者在最后写道：“《勇气》这本书提醒了我们，你我之间不管大大小小，各色各种，五岁、六十岁，甚至一只狗，都要有勇气来跨过生命的每道鸿沟。”有勇气，可以克服许多不安和恐惧。此书是老少咸宜，但为什么只到六十岁？

“六十而耳顺”，活到六十岁以后，大风小浪应该都经历了，眼见耳闻少再惊心了，或许吧？不过，人老戒之在“得”，这时恐怕需要有勇气“放手”；一样一样地放手。

还有一样，每个人都要有勇气面对“死亡”。

最后，我想，能敞开自己的心灵世界，让别人一探到底，或者与别人分享自己的糗事、自己的弱点，也需要勇气，是不是？朋友们。

23 仁者风范

读传记，可以了解一个人的个性、人格、事业、成就，等等。我们在阅读时，有时只是了解、明白“一个人的一生”而已，有时则会眼睛一亮，仿佛结识了一位心灵相契的朋友，或值得尊敬与学习的典范。

读《季羡林传》，即让我有又探得一座宝山，又发觉一处景致宜人，可自在清凉玩耍、栖息的美丽花园。

从此书中得知这位一九一一年出生的高龄教授，是鼎鼎有名的“北大之宝”、“中国之宝”，乃至“世界之宝”。他不仅古汉语、英语、德语的造诣极深，而且精通梵文、巴利文、吐火罗文、俄文、南斯拉夫文、阿拉伯文等文字，研究的课题则涉及语言学、考古学、历史学、佛学、敦煌学、民族学、文化学、比较文学、翻译学等诸多学科。

季羡林能在学术上成就辉煌，成为著名学者、国学大师、东方文化大师，绝非浪得虚名。虽然他常自称“心无大志”，却在不求名利中，默默耕耘出丰硕的累累果实。

季羡林出生于山东西部一个贫穷家庭，为了让家中唯一的男孩能读书，他才六岁便离开父母亲，被送到济南叔叔家。在叔叔用心指导、栽培下，季羡林济南高中毕业后，同时考上清华大学和北京大学。后来他选择进入清华的西洋文学系，专修德文。毕业后，因清华大学与德国签订交换研究生合约，季羡林被录取而前往德国留学，在哥廷根大学获得哲学博士学位。三十五岁回国，受聘为北京大学教授，任教五十余年。

在学术研究上，有《中印文化关系史论丛》、《原始佛教的语言问题》、《大唐西域记校注》等上千万字的著作与译作。八十几岁之后还主编《东方文化丛书》、《四库全书存目丛书》等庞大的学术工程。

季羡林能有如此惊人的成就，完全得力于他持之以恒的勤奋、专注和一丝不苟。书中说，直到现在，他所居住的北大朗润园里，“每日凌晨四时，便会亮起一盏灯，几十年如一日，已经成为北大动人的一景”。

除了每天清晨四时就开始读书、写作的勤勉精神，季教授最让我心仪的更是他有着文人雅士的淡泊朴实，和具备宽厚、温暖、深情重义的仁者风范。

留德十年，无论是在学术气息浓厚的校园里尽情汲取知识精华，或是在战火轰炸中艰难度日，他心中恒是系念祖国。回到中国之后，“文化大革命”期间，身为系主任又是学术权威的一流教授，自然被列为“黑帮”，在经历一次又一次身心残酷的凌辱、批斗，以及黑暗的“牛棚生涯”，许多人含冤而死有之，饮恨而生有之。但是平反之后，季羡林依然平静敦厚地继续他的教学和写作，对国家的热爱不减，对学术、文化的献身则更积极奋进。他说：“……再给国家培养一些人才。我仍要老老实实干活，清清白白做人；决不做对不起国家和人民的事；要尽量为别人着想，少考虑自己的得失。”如此的爱国情操与道德观念，已是这个时代里难得且珍贵的精神资产了！

他也热爱大自然，从他对动物和植物的喜爱和关照中，可以看出他淡雅、慈悲、天真的赤子情怀。他养了几只猫，人猫感情深厚，它们会左右跟随地陪他在校园散步。睡觉时，这些猫习惯躺在他的盖被上，有时醒来，发觉小猫睡在腿上，双腿已被压得又酸又痛，但是见小猫睡得香甜，不忍吵醒它们而一动不动地强忍着。所以朋友都笑他是“猫道主义”的奉行者。

季羡林的生活俭朴简单，即使身为大教授，仍是一贯的布衣粗食。有一次，一位新入校的学生见他穿着如工友，把他捉来看管行李，第二天开会时，才发现那位帮他看行李的工友，竟然是赫赫有名的东语系系主任。直到现在此事仍在北大流传着呢。

从这本不到三百页的传记里，可以看到一位学界泰斗的高洁人格、朴实性情，以及严谨的治学精神。他除了在学术领域有着辉煌成果，也写了上百万字的散文。巧的是图书室里正好有三本他的散文集，我兴趣盎然地取来阅读，果然让人爱不释手，字字皆是真性情的流露，篇篇皆是无比美妙的醍醐味。

九十几岁却依然清瘦健朗的季羡林常被问及长寿之道、养生之道，他总回答：“养生无术是有术。”此话有深意！现代人在健身保养上花费不少工夫，又极力用心于保护自己免受欺侮、轻视、陷害、打压。我则在这位长者、仁者身上看到他的“有所为、有所不为”：为人宽厚、为学严谨；不为人我猜忌、不为权势钻营、不为琐事烦心……

从他的传记和这些写社会现象、写人生、写思想的小品文里，我的心灵好似接受了一次清凉的灌顶。

24 挡不住的魅力

人生的因缘际遇很微妙。二○○○年春逛台北国际书展时，负责公司网管、对电子科技正热衷的妙有法师买了《@趋势》这本书。透明书套上挂着的一只银粉红色小毛球，晃呀晃的，妙有法师说它叫“病毒小精灵”。那时尚属电脑白痴的我看上它，索来挂在笔筒上，每天瞧着，颇饶趣味。

第二个吸引我的是封面上的两张面孔，他们那自然、率真，又如阳光般热情、灿烂的笑容，有着挡不住的魅力，叫人忍不住跟着走进他们的创业传奇。

我自幼患有“机器恐惧症”，看到电脑硬壳里藏着什么服务器啦、软体啦、病毒啦……全是我绞尽脑汁也想不通搞不懂的东西，更本能地穿起互不侵犯的“隔离衣”。

但是，在作者灵动鲜活、引人入胜的文字引导下，这本《@趋势》却让我看得兴趣盎然。书里叙述张明正、陈怡蓁夫妇如何与电脑病毒搏斗；如何在没有特殊背景，没有创投资金下，创造举世闻名的防毒软件 PC-cillin，建立全新的软体商业领域；如何造就出雄踞欧、亚、美三洲，并在美、日两国股票上柜的跨国企业。

每个事业的成功有它的机缘和条件，而其发展、成长历程之酸甜苦辣，也唯有身历其境的人点滴在心头。最后能冲出重围，开疆辟土，在各领域里成为举世瞩目角色的，必定具有卓越、吸引人的特色吧。

从《@趋势》及接下来《挡不住的趋势》里，我们看到趋势科技创业以来始终如一的三项坚持：不做“me too”的“创新技术”；布局全球的“国际经营”；自行研发生产的“自有品牌”。如此的坚持自然形成所谓的“3C文化”——创造（Creative）、沟通（Communication）、改变（Change），在此文化下营造出来的温馨、活泼、自由、开放的气氛，像磁石一般紧紧吸住许多老干新枝。

趋势科技成功的秘密，以及软体、因特网公司的经营诀窍，国际营销手法，等等，应是当时极具价值的资讯。不过，我认为他们夫妻追求理想的热情与活力，和不怕失败、求新求变，但又宽厚平实的人文精神，才是取得读者共鸣的重要因素。而夫妻俩相知相惜，互补长短，亲密相伴走天涯的情境，更为科技企业的快速、冷硬，添增柔软清爽的芬芳香味。

他们是夫妻携手创业的成功典范，我心里这么认为。

此书放在书架，一摆六年。没想到二〇〇六年二月，竟然有因缘与他们结识并相处四天。我兴奋聒噪地“秀”着我所认识的书中人物，我印象深刻的情节，如他们到了美国，第一个六坪大的简单办公室没厕所，与客户谈话须约在附近的麦当劳，才不会出丑；二十条大汉挤在四房一厅的感人团队精神；庆祝日本上柜派对中，夫妻俩令人瞠目结舌的装扮……他们也惊喜友善地响应和接受一位读者的热情与用心。

个性鲜明开朗，具感染带动力的明正，似乎走到哪儿都一派的洒脱自在。四天相处，印象最深刻的是，在佛光山和星云大师一道用餐时，他与大师面对面边吃边谈，大部分人第一次和大师见面，常慑于其威德而正襟危坐，拘谨忐忑，明正却轻松自然，且不时爆开喜气十足的大剌剌笑声。

等眼前菜肴将尽，他把餐盘往前推，说道："师父，我变魔术给你看！"在众人惊呼中，他以专业魔术师的技巧表演空掌吸筷子、弄弯汤匙、吞钱币等魔术。最后，还像小孩子一样绕到大师旁边，拿起挂在椅背的拐杖，抓住大师的手，传授用手掌粘住拐杖的魔法。同样有着开阔胸襟的一代大师，也被他逗得露出孩童般欣喜的笑颜。

有道是"文如其人"，从他们的言谈举止中，我一一印证了字里行间所感受到的真诚质朴，也看到他们对人的尊重有礼，对事的细心体会，对境的敏锐观察。

台大中文系毕业的怡蓁，热爱写作，却夫唱妇随，跟着明正投入资讯业。她感性、淡泊又聪慧、乐天，是让人一接触就忍不住喜欢、乐于亲近的女性！明正称她为最亲密的战友，在两本书里，她则一再推崇丈夫、妹妹的才智和功劳，也一再感恩团队里那些优秀、忠诚的成员。其实，趋势科技的成就岂能少了她？

怡蓁说明正的思考是跳跃式，不断冒出创见；她的思考是组织性，比较善于分析归纳。所以常是明正抛球，她接球，再分门别类放到不同篮子里，重新组合布阵，让他修改战略。

于是，一伙人参观佛光山各地，或听取各单位简报时，总见怡蓁细心耐心地看着听着，明正看似不专心地东张西望，却常不经意就吐出真知灼见的话语，或提出掷地有声的问题。我在一旁，心中不禁莞尔，想着佛光山之行，回去后他们会如何归类组合？

在他们身上，我看到何谓“夫妻同心”、“夫妻一体”，他们那为爱而真心沟通、体贴理解，以及天衣无缝的搭配、默契，真是羡煞人也！

思想、个性、生活哲学不同的两个人，朝夕相处，虽不免有争执，但也互相影响。明正“天生我才，尽情发挥”的观念，“逼”得怡蓁不能只做好命现成的“老板娘”，她说：

“最该感谢的是明正对我百分之一百的信任。他从不认为我有做不到的事，从不怀疑我是当时他能找到的行销副总最佳的选择；他从不因为我是妻子就对我在公事上让步，从不因为我的任性或撒娇就改变自己的看法，也从不听信人言就对我的信用打折扣；更难得的是，即使在十分大男人主义的日本商业环境，他也从不介意我当‘跟得夫人’，出差、应酬、谈判处处前后相随。他对自己的信心使他能对我放心，他对世事的豁达使他能任我随意发挥……”

多令人动容的一段话！“出世在涉世，了心在尽心。”有夫如此，纵使有违自己淡泊无为的本性，我想怡蓁已是“火里来火里去”地无怨无悔了吧！

明正与怡蓁为了圆梦而创业，他们夫妻俩的阳光性格有着挡不住的魅力。十八年来，这股魅力打造出超越国界、全球化的趋势公司，这些年来更回馈文化艺术，致力人文与科技的结合。我相信这些魅力会凝聚更多好因好缘，会开展更宽阔绵延、任心自在的天空。祝福他们！

25 看见生命看见祂

当早晨第一道阳光洒向冷冽的山谷时，一个小男孩、一头小象，同时在德国一座古老农庄诞生了。同年同月同日来到同一地点的两个生命，展开了紧密相连的一生。

他们一起成长，一起玩耍，一起学习。五岁时，小男孩四英尺高，四十五磅；小象五英尺高，一千磅重。十岁时，小男孩五英尺高，七十磅；小象八英尺高，三千五百磅。

小布兰的父亲、祖父都是马戏团的驯象师，他出生之后，也被赋予继承祖传“事业”的使命。布兰从父亲那儿学会如何为小象莫妲刷洗身体、修锉指甲，如何训练它做绕圈子、翻筋斗、大踏步、躺卧、长鼻子特技等各种表演。最重要的，父亲告诉他，驯兽师与动物之间，必须以温柔和爱心相互维系，而不是虐待与恐惧的恶性循环。

在布兰感觉他和莫妲好像体内流着相同的血液，有着同样的思想、感情，能心有灵犀地沟通时，马戏团主人解散了马戏团，动物和相关设备则被卖到美国。

他们已共同生活十六年，彼此都离不开对方。于是，为了和莫妲在一起，布兰冒险偷渡，碰上海难，遭土匪抢劫，被游击队攻击……从德国到印度、英国、美国。

遇到贵人相助，莫妲以其英勇、智慧赢得荣耀喝彩时，布兰欣喜共享；莫妲被刺伤、中毒、凌虐，几次生命垂危，甚至最后老丑虚弱之际，布兰都奋不顾身地细心照顾。

雷夫·海佛尔（Ralph Helfer）是好莱坞的动物行为学者，也是一位驯兽师，他饲养的象、猿、狮、虎、熊等动物，常常出现在电影、电视影集里。他廉价买下遍体鳞伤、憔悴消瘦又忧郁消沉的老莫妲；也从四方探听、一路寻象迹、终于重逢老友的布兰口中，得知整个故事。

他将两个善良、质朴、平凡又伟大的生命所串成的真人真事，写成一本书，书名就叫《莫妲》。

动物文学作家杜白医师在一开始的推荐序里，就敬告读者："必须选个隔天休假的夜里，开始读这本书，因为你一定停不下来，而且别忘了准备好一整盒的纸巾，加上一个很大的垃圾筒。"还说："看完了，哭够了，深深呼口气，好好睡到自然醒，灵象莫妲，正在天边向你微笑地挥着那两扇大耳朵。"

可不是，我还向往着，它还会温柔地用长鼻子把我卷起来，轻轻地放在它背上，然后稳稳行着，带我去踏青。

硕壮的象，力大无比但性情柔顺，看着《莫妲》时，我一边想着佛教里有关大象的种种神圣隐喻。普贤菩萨的坐骑是白象，象征其柔和大慈力与坚忍的行愿；释迦牟尼佛由兜率天入母胎时，即乘六牙白象，也以象王来譬喻佛陀之行止威仪；《本生经》里，佛陀过去世曾以象身行布施的事例……

作为陆地最大动物的象，力大能负重，举足即能将人粉身碎骨。

但是它的温和沉稳，又似能掩藏一切的恐惧和痛苦。具足了力量与慈悲，加上爱恋、信赖与默契，便交织成一幅幅人兽之间患难相交、生死相许感人至深的情景。

布兰还小时，有天晚上，莫妲挣脱脚链，撞倒谷仓大门，激动地跑来房门口呜呜叫着。布兰父亲从没见过它这种举动，脑筋一转，飞奔上楼，看到布兰浑身是汗，神志不清，软软地瘫在床上。若迟来一步，布兰这条小命就丧在致命的病毒上。这是莫妲第一次救了布兰，家人好奇也疑惑为何它知道布兰生病了。

大海上遇到强烈飓风，巨大的货轮被刮扫成碎片，浩劫余生的二十几个人，在莫妲背上趴着、靠着，它承载着众人在浪潮翻搅的海面上漂浮着。等救援汽艇赶到，船小无法负载大象时，急着逃生的人们忙不迭地如丢弃累赘的废物般丢弃了莫妲，唯有布兰陪着和他一样虚弱、一样耗尽最后生命力的莫妲，往海里沉去。

马戏团失火时，莫妲顺从布兰的指令，毫不退缩地走入浓密的烟雾、炽热的火墙里，抢救受困的人畜。但是，当强盗抢劫，持刀砍杀布兰那千钧一发之际，它又愤怒地用鼻子、用膝盖、用双脚，把五个抢匪一个个杀死。

像慈眉菩萨，像怒目金刚，两种力量存在于莫妲庞大的身躯里。

在印度“皇家蓄象场”的日子，是布兰和莫妲一生中最受礼遇、最富足、最喜乐的时光。一位负责照顾神圣白象的哲人贾格拉告诉布兰，印度人以静默冥想的方式探求真理与神，并从中开悟，达到涅槃的境界。而通往神的路有许多，一滴水可以映照出月亮，“每个有生命的物体，都可以映照出祂——可以是一粒沙，或是一整片海洋；可以是一颗星星，或是整个宇宙；可以是各种动物，或是所有的生物”。

于是，布兰明白，透过和莫妲的沟通，他倾听自己的内在，倾听大自然（与祂）的声音，也隐约找到生命之道。

一人、一象共同走过七十八个年头，两“人”亦师、亦友、亦父（布兰常唤莫妲“丫头”，喊到最后成“老丫头”）。走过几次死亡幽谷，经历大悲大喜的生命奇迹，想起曾经帮助他们、真心爱他们的好朋友、亲人，布兰告诉他妻子：“过去的事给了我们力量。所以，得到了力量还继续哀伤，实在是不怎么聪明的，对吧？”

看到这句话，泪水凝住，从晶莹的水光中，我不仅看到两个相互依存的高贵生命，心版上闪过一段段的记忆，是柔软的细沙，是尖刺的砾石，脚底踩过，走过，痛过，就过去了，留下的是支撑生命继续走下去的温柔力量。

26 与你相遇

什么时候，我们才会警觉思考生命的有限？五十岁？六十岁？七十岁？……

什么时候，我们才会自觉反省自己的罪福功过，一生的恩怨是非？“不到黄河心不死”、“不见棺材不流泪”，要到临终那一刻才惊惧慌乱，仓皇不知所适吗？

对生死问题审视关注的米奇·艾尔邦（Mitch Albom），多年前写了《最后十四堂星期二的课》，从生写到死，让我们知道“学会死亡，就学会活着”。这本《在天堂遇见的五个人》则一开始就是死亡结局。

米奇的舅舅艾迪死了，走进天堂，看到一幕画面：一个八岁的小男孩和同伴玩丢接棒球的游戏，一个漏接，棒球落到大马路，小男孩追着球，来到一辆汽车前，车子紧急刹车，他吓得全身颤抖，咽下几乎跃出的一颗心，喘着大气捡起球跑走了。开车的男子随着尖锐的刹车声，身体震撼，肾上腺素大量分泌，心跳如擂鼓，车子差点撞上另一辆车，男子急打方向盘，然后车子滑行转进小巷。等警察发现时，这位心脏不怎么强壮的男子已死亡。

艾迪从来不知道儿时从马路虎口跑回来的生命，是用另一条生命换来的！

同样走到终点，在天堂等着他的男子宽容地微笑着给了他第一个功课：

“所有的行为都不是随机而无意义的。我们所有的人，彼此之间都有关联。你没办法让一个生命单独存在，就像你没办法把一阵微风从风里面分离出来。”

相依相待、相互依存的因缘法则，解开世间许多不明不白不公不平理不清的事相。“陌生人，是你迟早会认识的家人。”今生一照面，多少香火缘；佛教三世、多世、累劫的因缘果报论，更说明生命之间的互相交错，一消一长，一生一死，都有它自然必然的理由。

接着，在天堂的人让他明白“牺牲是人生的一部分”。男人上战场为国家牺牲，女人为家庭牺牲青春年华，姐姐为了成就弟妹，牺牲自己的学业，等等。不管大的牺牲、小的牺牲，它都是应该的，没什么好后悔懊恼的。

艾迪自幼与父亲冷漠、敌对的关系，使得他将一生的困顿、不完美都归咎于父亲，至死这份怨恨依然。游乐场的“露比女人”说：“没有人一出生就带着愤怒。而我们死的时候，灵魂也摆脱了愤怒。”我们以为愤怒是一把武器，可以用来攻击伤害我们的人，却往往两败俱伤。“宽恕”才能放下，才能重获自由。

被烧死的小女孩，解开艾迪几十年来纠缠的梦境，他为自己没“尽心尽力”而难过……

遇见妻子——他这辈子唯一爱过的女人——是天堂邂逅中最温暖、最美丽的时光。爱的雨水灌溉树根，躯体的生命消失，爱情的生命却不灭。夫妻俩在天堂重温过往，拥有这些记忆，妻子让他知道：“人生总会结束。爱，没有终点。”

每个人从出生、长大、成人、老死，在自己的这条线上，会有其他线靠过来，有的擦身而过；有的接触一下，又弹开离去；有的紧密相叠，或长或短或一路伴到尽头。想一想，我们可曾珍惜每个来到眼前的因缘？善待每个相逢的人？

办公桌的玻璃垫下，我习惯放着一张十二个方块的年历。犹记得才换上新的一张，一日一日望过来，怎一眨眼就到了四月。靠近桌缘，眼下最常瞄到的“寒露”、“立冬”，也很快会来临。翻开记事本，上面记着何时何地与谁会面、办何事，等等。例行、固定的生活与工作步调，有限的人际圈子，被年历上的数字串联着，何时会打散碎开？

有对夫妻极为恩爱，后来妻子病故，丈夫日夜思念，唯求能再见面，再续情缘。一位具神通的阿罗汉带他走到郊外，指着草丛旁小土丘上一只小小的甲虫，说：“那就是你的妻子！”丈夫疑惑不信，却又禁不住泪眼潸潸唤着妻子的名字。甲虫冷冷地看他一眼，随即跑到另一只甲虫旁边，伸出两脚推着一小团东西，说道：“我要和我丈夫一起推粪啦！”这位丈夫愕然，似有所悟。

一期生命终了，爱，确实没有终点。不过一期一会，每次的因缘和状况可不会相同！

记得小时候喜欢玩“水银”。温度计摔破，流出来的水银像一粒粒大大小小的“仁丹”。将小珠子汇集成大珠子，手指头在上面轻压，又滑溜碎出一粒粒小珠子……我着迷地玩着合并、碎裂、合并、碎裂的游戏。

从遥远的天边俯视，整个大宇宙不就如同水银，一切有情无情都在里面分分合合？

在《在天堂遇见的五个人》里，艾迪领悟：“原来，自己的生命里一直都有别人的生命；而别人的故事与自己的故事，会在最无法预料的时空，产生交集。”他回顾一生的重要事件，学习到缘起观、宽恕、珍惜爱、牺牲等重要功课。

这一期生命结束，当我们到了天堂（如果有福报的话），我们会希望遇见哪些人？会害怕遇见哪些人？

缘聚缘散，人与人之间的缺陷、无理，必然有它的道理。我们曾经有过的愧疚、遗憾的缺口，要等到失去了、缘散了，才在天堂弥补吗？

“当你不在乎失去，你才真的爱着。当你完全付出自己，你才真的活着。”此书让我们明白人生绝不是孤独的旅行，周围有太多太多的“缘”绾着、护着、陪着。每一个人都是重要的，我们来到人间，是为了与别人相遇，可要欢喜细心地呵护、珍惜喔！

27 无私之爱

医生这个行业之所以迷人，是因为能探索生命的奥秘，并挑战人类智慧、力量的极限；医生这个工作之所以高贵，是因为能解除生命的痛苦，并发挥人类无私、渊博的爱心。

我这么认为。

重读《天使走过人间》，再一次为伊丽莎白·库伯勒－罗斯医师（Elisabeth Kubler－Ross，M. D.）坚韧的毅力、澎湃的热情与无私的爱心所震撼及感动！

身为三胞胎之一，三位一体、没有个人独立的身份和性格，常令她质疑：“我究竟是谁?”出生才两磅重的小不点儿，为了实践当医生的梦想，顽强地和严肃专制的父亲对抗；为了给病人应有的尊严和最好的照顾，她坚定强悍地抵制颟顸官僚的医疗体制。

罗斯像善心的天使，张着温暖的羽翼，从瑞士飞到欧洲其他共产国家，飞到澳洲、美洲各地，去传递生命的密码；像救苦救难的观世音菩萨，为儿童、癌症患者，为精神病患、艾滋病人、受刑人，以悲泪滋润干枯的心灵，以无畏抚平恐惧的情绪。

如此悲天悯人的因子，也一直潜伏在我的血液里。记得从小学到高中，我最喜欢的事就是带着生病的同学到保健室，帮受伤的同学敷药、包扎；那些年，我立志将来要效法南丁格尔，当个优秀、有爱心的护士。（资质平庸的我，不敢希冀成为医生。）

直到后来，我发现注射针头扎入皮肉那一刻，我总是把眼睛闭起来，不管针头打在别人或我自己身上。还有，一摊（不论大摊、小摊）鲜红或暗红的血，会令我脸色发青、心悸、呕吐，我才觉悟自己空有关心别人、照顾别人的爱心，却没有当护士须具备的基本胆量。

护士梦终究没实现。不过，许多人视为畏途的医院，我每一走进去，仍然觉得好似吸了一口吗啡，全身细胞变得亢奋起来，我喜欢闻医院特有的消毒味，也依旧喜欢在病房当陪伴者，和病人讲讲话，偶尔跑去和医生、护士照个面、谈个话。更妙的是，每次出院，我竟有着“假期”结束的怅然。或许前世我就是医疗人员吧？当然，要如罗斯一般是个医术高超、医德高尚的优秀医师！

不过，一个人怎能同时具有敏锐聪明的头脑，勇敢的胆识，桀骜不驯、特立独行的性格，但又能耐烦倾听病人的心声，付出热忱温暖的关爱？

罗斯矢志追随史怀哲深入蛮荒丛林及贫民窟悬壶济世的精神，因此，一九四五年，欧战结束，她未满二十岁，尚未接受正规医学院教育，便加入“国际和平志愿工作团”，历经千辛万苦，帮助饱受战火蹂躏的欧洲国家重建家园。

有一天晚上，一位波兰妇女带着得了伤寒症，浑身发烫，已奄奄一息的三岁幼儿，来向她求救，她不忍拒绝，就和妇人轮流抱着孩子，走了一夜，来到城市的医院。医生却以医院已人满为患为由，不肯收容他认为已无法救治的孩子。罗斯愤怒奮前，指着医师的鼻子说：

“我们走了一个晚上的路，把这个孩子送来……如果你不肯收容他，我就立刻回瑞士，告诉全世界的人：波兰人是心肠最硬的民族，波兰人没有爱心和同情心，波兰医生不肯收容一个从集中营生还的小孩，见死不救！这个小孩的母亲有十三个儿女，除了这个小孩，全都死在集中营。”

这一招果然奏效！医生绷着脸，收下孩子。三星期后，这个小孩被救活，波兰妇女特地献上一撮“神所庇佑的波兰泥土”，表示对罗斯的感恩之心。

这一幕让我印象深刻，罗斯教训波兰医生的那番话，让人肃然动容！

不放弃每个生命，生命又必然走向死亡。于是，临终关怀及死亡课题，成为罗斯中年以后的研究重点，在这方面她也结出丰硕的成果。对生死学稍有涉猎的人，必定知道这位国际知名的“生死学大师”，也必定读过她《论死亡与临终》等相关的著作。

许多医学院的学生及宗教师，从她主持的研讨会中，了解临终病人的需要，明白除了药物、科学，人世间还有另一种治疗力量——爱。许多临终病人，由于她的陪伴、同理与关爱，而能安详地面对死亡；家属也因为她的抚慰，逐渐走出伤痛。

生老病死是生命的自然现象，大部分的人都懂，但是，能真正参透而安然自在度过每个关卡的有几人？当肉体剧痛时，当死神环伺时，脆弱无助的心灵，渴望的可能只是一眸关切疼惜的眼神，一只可以握住的温暖笃定的手，一副可以安心挨靠的厚实肩膀。

我们曾经如此满足过亲人或所爱的人、或不相干的人这种需要和渴望吗?

身为医师，有机会付出无私的爱。除了医师，宗教家也有着“无缘大慈，同体大悲”的爱。日本的日莲大师屡遭镇压、迫害，依然不减弘法的愿力，他曾言：“马虫虽鸣，而泪不落；目连不哭，而泪不断。”宗教家内在的泪水常流，我们看见否?

我们无法如佛陀本生为菩萨时，“于微细虫，犹割身肉，而布施之”，也无法做到尽舍国土、钱财、妻子。但是，或许我们可以培养如“常啼菩萨”，因怜悯愚昧众生而啼不止的悲心。

从另一个角度来看，无私奉献、一心护卫他人的勇者，也有孤单、力不逮之时。无宗教信仰的罗斯，在蹇困路尽时，因着守护神及耶稣的眷顾、指引，重拾信心、力量，并坚定其不变的爱心。

是呀，宗教的慈悲，是我们学习的典范；宗教的慈悲，又是庇护我们的巨伞。我能理解罗斯躺卧耶稣（或佛陀）手掌上的感觉——无以言喻的美妙、安详和愉悦。

28 拜访汉字故乡

当我们受冤枉、被诬赖时，是不是会伸出手向内指着鼻子，气急败坏地辩白：“我？我怎么会做这种事？有没有搞错……”当得意的艺术作品被赞美，别人询问作者是谁时，有人会自豪地指着自己的鼻子：“是我！”

嘿，没错！我们汉字的“**自**”，最初的意思是“鼻子”，从甲骨文来看，它即是有鼻梁、鼻翼的鼻子正面图！

当谷物成熟，饱满、橙黄的谷粒，在夕阳映照下，闪着踏实的幸福光芒；燃烧秸秆的火焰，为这一年的劳动画下休止符。“禾”和“火”组成“**秋**”字，满合乎逻辑的。

不管是甲骨文或金文，霍然的“**霍**”字，“雨”下面都有三只鸟。一群鸟在草地上吱吱喳喳玩耍，突然下起雨，大家拍着翅膀快速飞走了；不解，为何还剩下一只呢？

一根长长的木栓横在两门中间，“**閂**”上门，锁住一家人的甜蜜情爱；早上双手用力往两旁推“**開**”门，迎入晨光；有人跑进门里，“**閃**”得不见人影。

中国文字的奥妙与趣味，让人忍不住拍案叫绝！

《汉字的故事》在今年三月一出版，就引起高度的瞩目及好评。

作者林西莉（Cecilia Lindqvist）是瑞典著名的汉学家，师事瑞典知名的汉学巨擘高本汉。她从一九五〇年开始学习汉语，六〇年代曾留学北京大学，之后又多次造访中国，对中文及中国文化非常熟稔。

此书是她费时八年完成的力作，除了瑞典文、中文，尚有英文、芬兰文、德文、法文的翻译本。林西莉对中国文字和中国文化，并不是盲目的欣赏、喜爱，而是经过理性研究探讨之后的真实认同。

全书诠释三〇四个和我们日常生活相关的汉字，包括人体、动植物、山水大自然、交通工具、器皿、农耕、文物、乐器……不单是对汉字构造、原始形貌的解说，以及运用近几十年的考古新发现来修正传统的文字学，更有配合她丰富的知识、实地田野调查、具体取材的图片，撰写成一部厚实精彩，具历史性、艺术性和科学性的故事书。

作者说她不采用学院的论文体，她用自己的经验、经历与观点，以说“故事”的方式，叙述了汉字的起源及其发展的中国文化史。

一个热爱汉文，对中华文化如数家珍，对文字运用如斯精准、优美的外国人；读其书，我们这些炎黄子孙是否该汗颜？

有一阵子，中国台湾当局领导人、“教育部长”的“罄竹难书”事件，带来不少余波。一则负面的网络笑话，说因为政府爱护百姓的功绩“罄竹难书”，所以放假一天，爸妈带他们到动物园玩。“出门前，我那徐娘半老的妈妈打扮得花枝招展，鬼斧神工到一点也看不出是个糟糠之妻。头顶羽毛未丰的爸爸赶紧洗心革面，沐猴而冠，换上双管齐下的西装后，英俊得惨绝人寰……”一个乱用成语，让人啼笑皆非的笑话。现代许多年轻人不爱看书，一篇文章，一封书信写下来，更是错字连篇、不知所云至“惨不忍睹”！

尤其，现在电脑打字极为方便，“字”是从键盘上敲出来，不是一笔一笔写出来，当要执笔写字时，不是为哪个字突然从记忆版上消失而尴尬，就是为丑陋的字迹而羞赧。

大学时，上“文字学”的课，使用的教材是许慎的《说文解字》。那一年，对小篆着迷，认为它是中国文字里最美最有深度的字体，用心且兴趣盎然地研究、书写好一阵子。不过印象中，当时老师也只是按照这本教材，从字义、形体构造和读音依序教授。到现在这些篆文、字义也忘得差不多！

《汉字的故事》可生动有趣许多了，如“**繭**”字，《说文解字》只言“蚕衣也从丝从虫”，林西莉在字义字形分析之外，更描述蚕的生命史、养蚕业的生活、蚕丝的制作过程，等等。

写到“**車**”字，她用了六页的篇幅介绍不同时代的车，有马车、人力车、拉车、手推车、黄包车、运粮车等的结构、用途，也附上在安阳出土的商代战车、十九世纪后期慈禧太后坐过的黄包车、用大水车作动力的连水磨等珍贵图片。书上还说汉朝有位皇帝对车子的噪音厌烦，下令拆掉车轮，让仆人抬着他，于是诞生了轿子。看这本书，我正坐在火车上，想着底下那么多的轮子，“**轟**”隆隆的声响不绝于耳，如果那位皇帝来到这个时代，对这多轮的长虫怪物，不知会怎么处理？

这些年，全球兴起“中文热”，但是大多数的人都是学简体字。二十世纪五〇年代之后，中国大陆为了扫除文盲，将汉字简化，方便不识字的人学习。简化字的字体结构错乱，往往丧失汉字象形、指事、会意之表现特色，不只没有美感，反不利学习记忆。

不久前，为了让繁体字（正体字）回归主流，中国台湾“抢救国文教育联盟”等十多个团体联署，要向联合国教科文组织申请把“正体字”列为世界遗产。成效如何？是个未知数。

林西莉把正体字说为“原体字”，这是她接触汉字的源头。她不排斥简体字，只是更肯定原体字的美感与逻辑性，她相信“原体字”永远都会是汉字研究屹立不摇的根基。更重要的是，“透过原体字，可以和充满智慧的造字祖先面对面，接触到科技、艺术、建筑及文化等璀璨的中华文化传统，当然也能让人一窥古老中国的地理景观与市井小民的生活面貌。”

当我们对文字的形、音、义，都能清楚领会，相信在文字运用上就更能得心应手。《汉字的故事》是教材，是百科全书，是让人心悦动的文化书。作者以轻松自如的说故事方式，娓娓讲述与我们相关的汉字故事。走进汉字的故乡，我们可以从中看到汉字之美之妙，也进一步阅读中国的文明史、文化史。

29 想飞的闲适心情

一向不是贪吃好玩的人。除了水果、面包，很少有食物令我食指大动，且没吃多少就喊饱了；平时四体不动，经不起风霜，晒不得太阳，走没多远的路就喊累了。在享乐生活的人眼里，我实在是一个乏味没趣的人。

如此一个无趣之人，不知怎的，近一两年竟然津津有味地看起报章杂志上有关美食、旅游休闲的报道。或许是现在的报道为事物本身添加了生命——感情、概念、文化、历史等生命——提升至人文精神层面，增加了阅读的深度及广度。也或许是体内哪个“腺素”产生化学变化，让我对吃喝玩乐开始瞩目、有兴趣并神游。

说“神游”，是直至目前仍停留在“心动”的想象满足阶段。

想玩，而精神欲求胜过身体欲求的状态下，读着舒国治的《门外汉的京都》，颇能心领神会。素雅的封面设计，简单的内页排版，轻盈的碰触质感，让人有捧书即临京都之感。

作者已去过京都十几二十次，为何自称“门外汉”？或门扉深锁不得其门而入，或过门不入，或不方便入，或不易进入，或特意不入，或门票太贵舍不得花钱入（花了钱也可能不值得）。所以他总是在门外张望，墙外驻足，发现往往门外比门内好看，终而发觉屡屡到京都，原来是为了竹篱茅舍、村家稻田、小桥流水、大桥流水，也为了氧气、睡觉……

这本书，便是舒国治“专门叙说这类张望、一瞥、匆匆流目等等所见的京都”，以及“多言那不懂日文之惊喜或猜想，多言那自管自享受的异地幽情，多言那没有电话、没有熟人、似被逐弃的某种寂寞之自由自在的天涯旅人之感也”。

于是，清新不腻、自由自在的氛围，飘散在京都的雨天、黎明、夜晚，在京都的旅馆、咖啡馆、长墙、手袋、鞋子、小景……读着读着，一个素朴又浪漫的灵魂好似也隐约找到一个落脚之处了。

旅游，并非浪迹动荡，而有恬适落脚之感，这般况味却是难求。

我去过京都两次，都只逗留一天。走马观花中只记得它和拥挤、匆忙、热闹的东京有着强烈的对比。参访了几座寺院，也只记得三十三间堂、西本愿寺、万福寺，其他连名字都忘了。至于哪间寺院长什么样子更是模糊，好似都为黑色沉稳的飞檐楼阁造型；果真徒留“每个寺院都近似”的印象。

不只京都，过去玩过的地方也少有印象深刻的，倒是当时的感觉、感情会长存记忆里。小时候每到中秋节，爸妈会准备丰盛的食物、饮料，带着我们到近郊花岗山上，塑料布铺在地上，月饼、柚子、肉干、卤味、零食、汽水……摊在中间，全家围坐，赏月、聊天、吃东西。一眼望去，尽是一小堆一小堆的人群。大人时而“串门子”和别人家闲扯、喝酒划拳，我们小孩子则四处奔跑玩闹。中秋月是否特别皎洁，并不在意，只知夜空下、山坡上，人影窜动，人声喧杂的童年喜乐，今日回味仍觉幸福。

玩和吃是离不开的姐妹。澄清湖、寿山公园、春秋阁等普通景点，几十年的时光推移，景物依稀不再，但是一家人在草地上、凉亭里的野餐情景依然清晰，自制的油饭紫菜卷、夹着厚厚色拉的三明治、爽口开胃的三色泡菜、各式水果，等等，混合着浓浓的天伦滋味，一口口吞进，成了再也化不开忘不了的回忆！

吃过、玩过、走过，就没了，即是伴随着留存的情感意趣，才让这些食物、景点鲜活而有了特殊意义。

舒国治说京都适合赏看，相对的，“吃”常常不是轻松轻易之事。他说：“京都之食几如帝王公侯之家精割细烹之食；然帝王家之食何等严谨华丽终至精简甚而拘窄最后只如仪典而竟不易同常民口舌相与矣。”（其笔法之特殊，有时会出现三两字一句，或如此的一大串。若多事勉强为其标逗，可失其味了。）

后来他学会“野餐”，发现京都是全世界极优秀的野餐佳所。

是以见他描述京都之食的精、简、专、贵之后，我们看着他带着寿司、饭团或面包、橄榄油、番茄、苹果、一小袋松子，或核桃仁、葡萄干，以及热水瓶、茶叶，在小坡上的木亭，在川旁绿地上，“空气鲜新，视野开阔，川上流水淙淙，清澈之极，鹤飞鱼游，何等畅快”。此时边吃边看着远处的车辆，桥上的行人，或任和风吹拂，想着事情。

这种旅游方有的天涯孤独冷落感，正是许多旅人从一次次自我放逐中想捕捉的贴近自己的感觉吧？

“繁华事散逐香尘，流水无情草自春。”远离亲人携手同游的温馨欢愉岁月，似乎天地万物更涵纳于胸，或者说也只好寄情于万物？

旅游的目的与心情，因人而异，有人为增广见闻而出访，有人为散心舒压而踏青；有人赶场或习惯地一地玩过一地、一国走过一国，在记事本上、与人言谈间增加一个“去过了”的地名；也有以专注的考古精神，于一事一物皆埋首深耕。作者虽言京都应以“门外汉”的角度“清”游，但他可非外行人，绝对称得上是京都的知音、行家！

他以若即若离，钻入即跳出的轻松自在态度，来认识、欣赏京都，此“飘逸的赏玩、清寂的品味”，最是让我欣羡与心动！

年少不爱玩，如今年纪一大把，却时有驿马“蠢”动，兴寻幽访胜之念。对书中所载、耳闻所知的一些有历史人文意义的绝妙好地，更想一窥究竟，亲炙徜徉；只是阮囊羞涩又身不由己，也只能卧游观想了。

境难转，心转。佛教言“芥子纳须弥”，十方国土所有日月星辰、山河大地，都能于掌中见，于一念顷即至，如此“万法唯心造”也颇自得其乐。尤其每天早上喝下一杯咖啡，一颗心就轻盈快乐得如雀跃的小鸟，拍着灵活美丽的翅膀，飞上云端，东西南北皆自由自在逍遥行去；对于一向“心动多于行动”，凡事不强求、不求甚解的我，还真如门外汉般有着想飞又闲适的心情呢。

30 玫瑰灰烬

大部分的书，我们看完之后很少再看第二遍，除非为了资料查询或真的值得再三回味。在我喜欢的一些书当中，有一本书是近二十年来每隔四五年，就会兴起想要读它的念头。而且，每次都一样被它优美的文字牢牢牵着，从第一页看到最后一页，已熟悉不过的故事情节，也依然一次次地让人震慑低回。

这就是甫一问世即被出版界视为自《飘》以来，唯一可与之抗衡的世界文学名著《刺鸟》。

传说中有一种鸟，一生只唱一次歌。这种鸟离巢独立后，就不停地寻找有刺的树，然后往树上最长、最尖的刺撞去。临死之前，它将剧痛升华为清脆婉转、无与伦比的歌声，此时，连云雀和夜莺都黯然失色。

柯林·马佳露（Colleen McCullough）的这本《刺鸟》，以二十世纪前后的澳洲内陆牧场为背景。麦姬是柯立瑞家的独生女，但是在重男轻女，以劳动生产为生活主轴的时代，于母亲眼里，她只是八个儿子之外的“小角色”。

二十八岁的教区神父洛夫，第一次见到麦姬这位美丽出色，消极认命但又坚强独立、不执拗不逊的十岁小女孩，便油然生起怜悯喜爱之心。而在被漠视的家庭里成长，油麻菜子般的生命里所饱含的温暖和人性，也满足他心中连上帝都无法弥补的空虚。

一段感情悄悄滋生、蔓延。逐渐长大的麦姬，付出的不只是少女短暂的浪漫情怀，她要当个有丈夫、有小孩，被爱、被需要的女人；一个平凡又平常的女人。洛夫，持着独身守贞戒律的神父，自然无法实现她的愿望。

一开始就错，就注定没有结局，注定是悲剧的恋情，他们爱得那么真诚至性，刻骨铭心。这之间有抵触宗教道德的痛苦煎熬，和天人交战的矛盾挣扎……

老友擎洲写了一副联语："邀月诵经自有伴，掇云补衲不愁寒。"道尽修行人与世无争、清心淡泊、悠然惬意的自在生活。但是，要彻底一丝不挂、解脱无碍，谈何容易？克服超越人性的神格或佛性，何时，又如何绽露？

天主教的神父、修女接受圣职后，须一生谨守贫穷、贞节、顺从的誓言，佛教的比丘、比丘尼，也须受持两三百条的戒律；或许从规范、从制度、从戒条、从修行，先将私我私欲缩小泯灭，才能破茧而自由翱翔于宽广的天空吧。

唐朝的裴休宰相"含悲送子入空门"之后，要儿子精进学道，朝夕勤种善根，更要记得"身眼莫随财色染，道心须向岁寒存"。我想钱财身外之物犹易抛，真被"情"字关锁，要挣脱可得猛斩慧剑了！

麦姬像一面镜子，迫使洛夫看到自己渴望温暖，渴望爱与被爱的人性，不过，洛夫仍然选择继续侍奉上帝，将这份挚爱变成日日咀嚼的苦果。（反过来，如果他选择还俗，和麦姬结为夫妻，他会快乐吗？

谁知道呢!)

一心一意想成为完美神父的洛夫，小心翼翼维护不朽的灵魂，聪明又自珍自爱，一步步成了主教、总主教、枢机主教。

倔强、尊贵，对爱执著的麦姬从上帝那儿“偷”取了洛夫的灵魂，她窃喜、暗自细心地守着这份珍贵的礼物——洛夫的儿子，有着同样的双手、脸型、眼睛、嘴巴、体格、脚趾，甚至走路姿态都酷似的但恩，好像是为了补偿洛夫无法给予的爱而来，麦姬满足、快乐地拥有他。

直到但恩十八岁，告诉她，他要去当神父。麦姬开始意识到诸神的嫉妒，上帝的谴责，她颤抖啜泣：“这是因果循环的报应！我从上帝那里偷了洛夫，结果要拿我儿子去赔偿。”

但恩二十六岁，在希腊克里特岛为了救人而溺死了。那时希腊正酝酿革命，内战骚乱中，但恩被草草埋在当地某处。为了将他带回故乡，麦姬从澳洲基伦朋坐了二十九个小时的飞机来到罗马，寻求已身为教皇助理的洛夫枢机主教的协助。直到此时，洛夫才知道八年前，麦姬送来罗马神学院跟他学习的但恩，多年来他视如己出的但恩，不但是麦姬的儿子，更是自己的儿子!

突然，室内发出一阵地狱中游魂的泣声，洛夫前倾身子低低饮泣，泪水滴在猩红色的地毯上，宛如鲜红的血，他的脸隐在双臂里，他的手紧紧揪着头发。而麦姬闪着痛苦和黑暗的眼睛，变得冷峻无情：“他是我们俩共同窃取的，他是你从对上帝的誓约中偷取的，现在我们要为他共同付出代价了……”

七十一岁的洛夫，为自己的儿子主持弥撒之后，不久就去世了。

像火烧牧场，在大火燎原下残存的唯一一朵玫瑰，灰红色的玫瑰花，麦姬送给洛夫的纪念品，洛夫把它夹进自己的弥撒书里；人性的欲求与弱点，躲避在高贵圣洁的典籍、法衣、教堂……

像那只鸟让尖刺穿胸而入，流下的鲜血染红玫瑰，任它多娇艳动人，终究会化成灰烬。

不知从哪个缝隙钻进来的蜜蜂，在台灯下嗡嗡地绕圈，不停地用身体猛往光亮的灯管撞去。怜它无明的习性，我熄了灯，它即刻飞上天花板，继续嗡嗡撞击上面的灯管。我想起古灵神赞禅师，为了帮助授业师开悟，他看到蜜蜂为了出去，不停投向窗户，而慨叹点拨：“空门不肯出，投窗也太痴；百年钻故纸，何日出头时?”我们不也如蜂子投窗不肯出般在情海欲火中，生生死死地轮回不止?

“唯有最深沉的痛苦，才能换得最美好的事物。”于是，每个人唱着自己的歌，也制造自己的刺，然后毫不迟疑，不计代价地把刺插入胸膛……